Todos los libros de Linkgua Ediciones cuentan con modelos de Inteligencia Artificial entrenados por hispanistas. Pregúntale al chat de tu libro lo que desees acerca de la obra o su autor/a.

Para **ebooks**: Accede a nuestro modelo de IA a través de un enlace.

Para **libros impresos**: Escanea el código QR de la portada con tu dispositivo móvil.

Obtén análisis detallados de nuestros libros, resúmenes, respuestas a tus preguntas y accede a nuestras ediciones críticas generativas para una experiencia de lectura más enriquecedora.
La transparencia y el respeto hacia la autoría de las fuentes utilizadas son distintivos básicos de nuestro proyecto. Por ello, las respuestas ofrecen, mediante un sistema de citas, las fuentes con las que han sido elaboradas.

Juan Valera

La buena fama

Barcelona 2025
Linkgua-ediciones.com

Créditos

Título original: La buena fama.

© 2025, Red ediciones S.L.

e-mail: info@linkgua.com

Diseño de cubierta: Michel Mallard.

ISBN rústica ilustrada: 978-84-9953-787-0.
ISBN tapa dura: 978-84-1126-077-0.
ISBN ebook: 978-84-9897-953-4.

Sumario

Brevísima presentación

La vida

Juan Valera (18 de octubre de 1824, Cabra). España.

Era hijo de José Valera y Viaña, oficial de la Marina, y de Dolores Alcalá-Galiano y Pareja, marquesa de la Paniega. Tuvo dos hermanas, Sofía y Ramona y un hermanastro: José Freuller y Alcalá-Galiano.

Su padre vivió de joven en Calcuta y adoptó posiciones liberales. Por ello fue removido de su puesto. Tras la muerte de Fernando VII en 1834, el nuevo gobierno liberal fue rehabilitado y se le nombró comandante de armas de Cabra y después gobernador de Córdoba.

La madre se opuso a que Juan Valera siguiera la carrera militar. Este estudió Lengua y Filosofía en el seminario de Málaga entre 1837 y 1840 y en el colegio Sacromonte de Granada, en 1841. Luego estudió Filosofía y Derecho en la Universidad de Granada, donde se graduó en 1846.

En 1844 publicó primer libro de poemas. Leyó mucha poesía, y en particular a José de Espronceda, y a los clásicos latinos: Catulo, Propercio y Horacio. Hacia 1847 empezó a ejercer la carrera diplomática en Nápoles junto al embajador Ángel de Saavedra, duque de Rivas. Vuelto a Madrid, frecuentó las tertulias y los círculos diplomáticos a fin de conseguir un puesto como funcionario del Estado.

Así viajó por Europa y América. En Lisboa empezó su amor por la cultura portuguesa y el iberismo político. De regreso a España, empezó a escribir y publicar ensayos en 1853 en la *Revista Española de Ambos Mundos*; en 1854 fracasó en un intento de ser diputado, y por entonces estuvo en los consulados de España en Frankfurt y Dresde con el cargo de secretario de embajada.

Hacia 1857 se fue seis meses con el duque de Osuna a San Petersburgo; polemizó con Emilio Castelar en *La Discusión*, y escribió su ensayo *De la doctrina del progreso con relación a la doctrina cristiana*. Asimismo, tras ser elegido diputado por Archidona en 1858, escribió en numerosas revistas como redactor, colaborador o director.

El 5 de diciembre de 1867 se casó en París con Dolores Delavat, veinte años más joven y natural de Río de Janeiro, y tuvo tres hijos: Carlos Valera, Luis Valera y Carmen Valera, nacidos en 1869, 1870 y 1872.

Durante la Revolución española de 1868 fue un cronista de los hechos y escribió los artículos «De la revolución y la libertad religiosa» y «Sobre el concepto que hoy se forma de España».

Juan Valera fue elegido senador por Córdoba en 1872 y en ese mismo año fue director general de Instrucción pública; en 1874 publicó su obra más célebre, *Pepita Jiménez* y, en esa época, conoció a Marcelino Menéndez Pelayo, con quien hizo gran amistad.

En 1895 perdió casi por completo la vista, se jubiló y volvió a Madrid; allí publicó *Juanita la Larga* (1895), y *Morsamor* (1899); frecuentó diversas tertulias y tuvo una en su propia casa.

Valera fue elegido miembro de la Academia de Ciencias Morales y Políticas en 1904. Murió en Madrid el 18 de abril de 1905 y fue enterrado en la sacramental de San Justo.

Sus restos fueron exhumados en 1975 y llevados al cementerio de Cabra.

La buena fama

I

Nada recuerdo yo con tanto gusto como las temporadas que he pasado en Villabermeja y los coloquios que allí he tenido con don Juan Fresco, mi querido tocayo. No había asunto sobre el que no hablásemos, dilucidándole hasta donde nuestro saber y nuestra inteligencia alcanzaban. Y cuando no estábamos de acuerdo, nos alegrábamos en vez de sentirlo, porque entonces nuestra conversación, con el apacible discutir, tomaba dulce y acalorada viveza.

A veces lamentaba yo que escritores extranjeros se nos hubiesen adelantado en coleccionar y en poner por escrito con primoroso adorno los cuentos que corren en boca del vulgo. Los mejores, a mi ver, eran los mismos, con raras variantes, en Alemania y en Francia que en España, de suerte que nos habían robado lo más hermoso y rico de aquella materia épica difusa, sin que pudiésemos ya darle forma original en nuestra lengua castellana.

Mi tocayo sostenía la contraria opinión, y afirmaba que había aún mil cuentos vulgares entre nosotros sin que nadie los hubiese recogido, y que no pocos de ellos eran deliciosos y hasta contenían veladas enseñanzas y misteriosas filosofías de subidísimo precio. Él solía escudriñarlas y sacarlas a relucir, interpretando y comentando los tales cuentos como ciertos sabios neoplatónicos las antiguas fábulas griegas.

Varios de estos cuentos me refirió mi tocayo excitándome a que yo tomase la pluma y los escribiese; pero he de confesar que me parecieron casi todos tan absurdos que nunca me atreví a ceder a su súplica. Uno, sin embargo, el de LA BUENA FAMA, me bulle hace muchos años en la cabeza y pugna por escaparse de allí y derramarse en el papel, trascendiendo de la tradición oral a la escritura. El cuento es, sin duda, extraño, nada semejante a los demás de su género y amenísimamente tragicómico, si el narrador acierta a contarle como merece. Y no cabe la menor censura, sino estrepitosa alabanza, en lo que toca a la moralidad, ya que la de este cuento es ejemplar y severa. Solo me han retraído de escribirle y me han hecho vacilar hasta hoy ciertos lances que hay en él, que no ofenden, sino que provocan la risa de la candorosa gente rústica cuando los relata o los oye; pero que acaso enojen a las damas melindrosas y a los pulcros cortesanos. A pesar de tan enorme dificultad, resuelto yo al fin a escribir el cuento, procuraré envolver lo substancial de los mencionados lances, algo escabrosos, en estuche de filigrana y entre perfumadas pleguerías, aunque el estilo tenga entonces que perder bastante de la sencillez y naturalidad que el argumento requiere.

Y dicho esto, para descargo y tranquilidad de mi conciencia, allá va la historia, según mi fresco tocayo me la contaba.

II

En la populosa capital de un reino que me sería difícil señalar hoy en el mapa, vivía, hará ya lo menos seis o siete siglos, una honrada viuda, tan hidalga como pobre, y agobiadísima, si no por lo avanzado de su edad, por desengaños, enfermedades y otras desventuras. Su difunto esposo había sido caballero tan cabal, que los de su época pudieron mirarse en él como en limpio espejo y tomarle por norma, dechado y cifra de las caballerescas excelencias, ya que, sobre ser gentil, elegante, discreto y ágil, descollaba en bizarrías y arrestos. Había recorrido muchas tierras remotas buscando aventuras entre pueblos de diverso sentir y pensar de los que el suyo tenía. Y en sus altas empresas militares, con frecuencia felices, había alcanzado envidiable gloria y garbeado, además, no cortos provechos.

Deslució, no obstante, tan buenas condiciones y prendas tan raras la inclinación irresistible de este caballero al lujo, a los banquetes, a las daifas y bagazas y, lo que es peor, a los dados y a otros juegos de azar y envite.

Dio esto lamentable ocasión a su prematura y desastrada muerte, a los dos años de su boda, consumida su hacienda y derrochado el dote de su mujer, a quien dejó encinta y en la mayor miseria y abandono.

Fue el caso que unos tahúres, a quienes llamó fulleros, sin que ellos cara a cara se atreviesen a vengar la afrenta, le armaron celada en los oscuros pasadizos de un garito y allí, a puñaladas, le atravesaron el corazón y los hígados.

Imaginemos ahora la desolación de la señora doña Eduvigis. Así llamaremos a la viuda, supliendo la falta que por lo común se advierte en las historias tradicionales en que el pueblo olvida los nombres propios, aunque no olvide ni el más diminuto ápice de los sucesos.

Ella, doña Eduvigis, a pesar de los despilfarros, infidelidades y travesuras de su esposo, le amaba con fervor, y le lloró durante algunos meses, al cabo de los cuales hubo de mitigarse el dolor de la viudez, o, mejor dicho, hubo de eclipsarse por los del parto, el cual vino en sazón y derecho, y dio por resultado a una hermosa niña, ojinegra y morena, a quien, por expresa voluntad del difunto, que mil veces había pronosticado su hermosura, pusieron el inaudito nombre de Calitea.

El tiempo vuela y pasa con tan endemoniada rapidez que nadie habrá de pasmarse de que, al empezar de lleno nuestra narración, Calitea haya crecido y espigado, tenga ya veinte años cumplidos, resplandezca con todos los hechizos de la salud y de la mocedad virgínea y posea diversas habilidades y artes, como son las de la costura y el bordado, con las cuales se ganaba la vida y sustentaba modestamente a su madre, quien, según hemos indicado ya, estaba hecha una plepa y casi no valía para nada sino para aturdir y marear, dando disposiciones y echando regaños, ya a la única antigua criada que cuidaba de la cocina y del arreglo y orden de la casa, ya a la propia Calitea con motivo de los novios vitandos o deseables.

III

Salía de diario un río de elocuencia de la boca de doña Eduvigis. Imitemos a su hija, y, como ésta siempre, oigámosla nosotros con paciencia una vez siquiera.

En el cuarto menos malo del chiribitil en que vivían, cuarto que era a la vez estrado, comedor y sala de estudio y trabajo, bordaba Calitea en el bastidor, sentada cerca de la ventana, por donde penetraban, oblicuamente los alegres y gratos rayos del Sol matutino, en un despejado y sereno día de invierno.

La madre, en medio de la estancia, sentada también, no diré junto, sino casi encima de un braserillo de azófar, tenía los pies sobre la tarima, y con la badila, en la diestra, ya accionaba al hablar, como si fuese la badila férula o signo de su magisterio, ya echaba firmas en la ceniza, haciendo brillar el rescoldo. Ella había extendido alrededor la falda de su vestido, y como el calor iba subiendo y recogiéndose en el amplio hueco, donde enrarecía el aire, doña Eduvigis, más seca y ligera que una paja, sentía el prurito, el conato y hasta el comienzo de una de las más extáticas maravillosas elevaciones. Sentía, además, a semejanza de la Pitonisa en Delfos, que le infundía inspiración aquel vaho.

—Niña, niña —decía, pues, con tono de inspirada—, cuan neciamente estás dejando pasar la edad florida y malgastando el tiempo propicio, que no volverá nunca. ¿De qué te vale todo lo que has estudiado, cavilado y alambicado, si no sabes vivir? Tú coses y bordas como las hadas; zurces con tamaña sutileza, que haces invisibles las huellas del rasgón más feo; tus dobladillos, calados, pespuntes y vainicas pasman a la costurera más hábil; y sobre ricos paños bordas en oro, seda y plata figuras prodigiosas de hombres, de animales y de seres imaginarios, que tú misma inventas y dibujas; pero, créeme, nadie pagará jamás tus puntadas sino con ruin tacañería. En cambio, ¿por qué no te percatas mejor, justipreciándolas y utilizándolas, de la sal y la pimienta con que el cielo te ha rociado? Eso sí que podría servirte en el mundo, poniéndote en andas y bajo palio y abriendo para ti el porvenir más halagüeño. Mira, hija mía, que te hablo, no con intenciones bellacas, porque yo he sido y soy rígida en mis costumbres, y, aunque me esté mal el decirlo, raro modelo de esposas, sino para que, sin el menor deterioro de tu honestidad y sin el más somero quebranto de la ley de Dios, aproveches la hermosura, la gracia y el garabato que tienes y los conviertas en anzuelo para pescar buen marido. No lo digo por mí. Ningún interés egoísta me mueve. Lo digo por tu bien. Discurro como madre previsora. El día menos pensado caerá por tierra el ruinoso edificio de mi cuerpo y te quedarás huérfana, desvalida y sin arrimo, en medio de esta gran ciudad, donde habrá mil peligros que te rodeen, como preciada navecilla sin piloto y con poco lastre que audaz se engolfa en mar borrascoso, lleno de escollos e infestado siempre de codiciosos piratas. Es menester, por consiguiente, que te cases pronto y bien, tanto para salir de los ahogos y estrecheces en que vivimos, si vivir así es vivir cuanto para que logres el marido que tu condición requiere, como enriscada alcazaba que, por inexpugnable que sea, requiere quien la mantenga y custodie. Este marido ha de ser respetado a fin de que te haga que te respeten, y vigile por tu honra y la acreciente con la suya; y ha de ser rico, a fin de que tú vivas con el regalo, la elegancia y el decoro que mereces, y a los que no me negarás que eres harto aficionada.

Había heredado Calitea los ímpetus y el desenfado de su padre, y así, sin poderse contener y atropellando un poco el respeto debido, interrumpió de este modo el bello discurso materno:

—Querida mamá, no te canses ni me canses. Ya te lo he dicho mil veces y te lo repito ahora. Yo no me casaré nunca para que me mantengan. Me casaré con el que me enamore, aunque sea pobre. Lo que es respetado, de fijo que lo será, que no he de poner yo mis ojos ni mi alma en un sujeto vil. Mas no necesitaré que me defienda ni que me vigile. Eso sé yo hacerlo sin auxilio de nadie. Ni quiero tampoco que su honra aumente la mía, pues me considero tan honrada que no cabe más. Y en punto a la elegancia y al regalo de que me dices que amo, y yo no te lo niego, sábete que el mayor regalo y la mayor elegancia para mí estriban en cumplir con mi regalado gusto, y mi gusto no se verá cumplido mientras no halle novio que me hechice por su discreción, valor y gallardía, robándome el corazón y cautivándome los sentidos y las potencias. Si no hallare yo y si no se me ofreciere esta joya, me quedaré para vestir santos y me iré con palma a la sepultura.

—Pero, ¡hija de mis entrañas! —interrumpió la madre—. ¿A qué viene ese caramillo que estás armando? De sobra sé que no se hizo la miel para la boca del asno, y de sobra sé que tú eres miel. ¿Cómo había yo de pensar en casarte por codicia con ningún mostrenco? Lo que me lleva a hablarte así es la certidumbre que tengo de que hay alguien que te quiere, que aspira a tu mano, que posee todas esas perfecciones de que hablas y que, además, es rico como un Creso. Algunos más años cuenta de los que convendría que contase para que la unión fuese proporcionada; pero, ¿cómo no perdonar esta desproporción a quien puede endulzarla con muchísimos millones de ducados? Vamos, es una bendición del cielo, una fortuna colosal la que se nos entra por las puertas de casa o nos cae encima como llovida. Delirio sería desdeñarla. Y todo ¿por qué? Porque el fruto, aunque jugoso y exquisito, está algo maduro.

—Pues, ¿te parece poco, mamá? Lo maduro se resiste a mi paladar. O nada, o fruto verde, aunque rejelee. Y dime, ya que, si bien lo sospecho, me agrada que me adulen el oído, ¿quién es ese gato relleno de oro que en forma de pretendiente me envía la misericordia del cielo?

—¿Pues quién ha de ser sino don Hermodoro? —contestó la madre.

—Ya me lo presumía yo —replicó Calitea—. Siempre que le llevo telas bordadas y paga mi trabajo, me mira con ojos picaruelos y encandilados y hasta se atreve a echarme piropos.

—No lo dudes, niña; el hombre está que se derrite, y, si no te muestras muy esquiva, con poco que hagas le conquistas del todo y se casa contigo.

—Pues no se casará, porque yo no pienso hacer ni haré nada para acabar de conquistarle.

—Eres muy ingrata —repuso la madre—. ¡Si supieras cuánto te admira y te elogia! ¡Con qué entusiasmo me habló de ti, pocos días ha, que vino a visitarme! Casi estuvo a punto de pedirte. Puso por las nubes tu bordado de la última casulla, y dijo que, así por su mérito artístico como por las bellísimas y delicadas manos que le hicieron, le pagaba el doble de lo que suele pagar.

—Por el mérito artístico de mi bordado cobré yo lo que cobré, y me pareció poco. Nada tiene ese necio que pagar ni nada que cobrarle yo por mis bellísimas manos, que solo de balde han de servir para tirarle de las barbas y hartarle de pescozones si sigue desmandándose.

Justo es observar aquí, a fin de que nadie tilde a Calitea de señorita desaforada y de rompe y rasga, que ella vivió hace setecientos años, lo menos, en época más ruda; y que sin tener dueña ni escudero que la escoltase, como las señoritas de Madrid que llevan ahora, cuando van de paseo, una acompañanta a quien llaman la carabina, Calitea, por estar su madre enferma casi siempre, iba sola a sus negocios de costura, y entraba en almacenes y tiendas, y atravesaba calles, plazas y callejuelas, donde no había municipales, ni polizontes, ni alumbrado eléctrico. Era, pues, indispensable que, si quería defenderse, acudiese ella misma a la propia defensa, con algo de marcial, de arrogante y tremendo, como una doña María la Brava.

IV

A pesar de la costumbre que había adquirido de oír con resignación los desatinos y las altiveces de Calitea, su madre quedó consternada después de su último diálogo. Poca esperanza le quedaba ya, conociendo la terquedad de su hija.

Don Hermodoro era el mercader de más crédito en la ciudad; viudo, sin hijos, ansioso de casarse para tener quien heredase su caudal, y prendado de Calitea hasta más no poder. Despreciar todo esto, desde tan humilde y menesterosa posición, era el último extremo de la locura; pero Calitea había llegado a ese extremo, y harto comprendía su desdichada madre que era dificilísimo, casi imposible, hacerla retroceder.

—¡Dios mío! —exclamaba doña Eduvigis, cuyas meditaciones y soliloquios tomaban a menudo forma de plegaria—. ¡Dios mío! ¿Está loca mi hija? Todavía comprendería yo, por más que lo deplorase, que la muchacha desairara tan brillante partido si estuviese enamorada de algún mozuelo barbilindo, de los muchos que la han pretendido; pero si ella los ha despedido a todos, ¿qué es lo que quiere? ¿Sueña con algún duque? Hasta ahora a todos los novios los ha hallado vulgares, ordinarios, ignorantes y feos. ¿Será menester que de encargo le fabriquen uno bonito, joven, noble, elegante y valeroso, Adonis y Marte en una sola pieza?

En esto atinaba doña Eduvigis. Así era el novio con quien Calitea soñaba. El sueño, con todo, no se trocaba en realidad.

Solo don Hermodoro, cada vez más fino, no atreviéndose a declararse directamente a la hija, hizo su declaración en regia por medio de la madre. El desdén se renovó por estilo más solemne; pero don Hermodoro no quiso desengañarse y retirarse, y siguió en su inútil porfía.

Pasaron meses y llegó la alegre primavera.

Calitea, que era bondadosa, aficionada a reír y a burlar, y divertidísima en su conversación salpicada de chistes sin malicia, tenía por amigas a bastantes muchachas honradas y de buena familia, las cuales se desvivían por convidarla a sus jiras y meriendas campestres en los sotos y prados de las cercanías, que eran un encanto por su fertilidad y que entonces estaban floridos y llenos de lozana verdura.

A pesar de su vida laboriosa y de que el tiempo no le sobraba, Calitea, aceptaba a veces los convites. Su madre, aunque por estar sana del estómago y de los pulmones comía con apetito, y en la lluvia de sus discursos no solía descampar, mientras no se rendía al sueño, como se encontraba cada día más torpe de la vista y de las piernas, no podía ir a estas expediciones; pero a fin de que todo apareciese correcto, y no porque la niña necesitase custodia y vigilancia, confiaba a Calitea a la más autorizada y venerable de las madres de sus compañeras.

De esta suerte asistió nuestra heroína a varias jiras y meriendas. Todos los que en ellas tomaban parte reían y celebraban la graciosa desenvoltura de Calitea: los mozos admiraban su beldad; algunos, que eran guapos y no despreciables partidos para su clase, la pretendieron con el mejor fin; pero ella los desahuciaba siempre, aunque por arte tan suave y con tan buena crianza, que ninguno le guardaba rencor, sino que persistían todos en ser sus amigos, reconociendo que jamás había ella atraído ni provocado a nadie para desdeñarle después, y que sabía agradecer sin amar, cada vez que inspiraba amor a pesar suyo.

Tales recreos, por más que agradasen a Calitea y lisonjeasen su amor propio, eran, sin embargo, poco frecuentes. Las faenas continuas a que ella tenía que entregarse para ganar el sustento no se avenían con mayor disipación, y casi podía afirmarse que su vida era retirada y austera.

Largas horas del día se pasaba en casa cosiendo o bordando, y oyendo las disertaciones de su madre y sus alegatos en favor de don Hermodoro.

Solo cuando la linda costurera y bordadora terminaba alguna tarea, solía salir para entregar el fruto de ella a quien se la había encomendado.

Nunca dejaba entonces de entrar en la hermosa catedral bizantina, que estaba muy cerca de su casa; y allí, hincada de rodillas en lo más sombrío y solitario del sagrado recinto, rezaba fervorosamente.

El sitio en que de ordinario se arrodillaba para sus rezos era delante de una capilla cerrada por bien labrada verja de bronce, y sobre cuyo altar, en el misterioso camarín de un retablo de roble dorado y de rica y prolija talla, se parecía la efigie de San Miguel, con el fulmíneo acero en la diestra y en la otra mano una cadena de hierro a la cual estaba atado Lucifer en persona. De su boca espantable, llena de espumarajos y muy abierta, se diría que brotaban mil blasfemas maldiciones; pero el Arcángel tenía bajo sus pies a nuestro común enemigo, y todas sus maldiciones y reniegos eran en balde.

Si hemos de confesar la verdad, en aquel tiempo la escultura florecía poquísimo, y el San Miguel no era nada hermoso; pero en la oscuridad del camarín y contemplado con los ojos de la fe y desde lejos, podía dar ocasión, y la daba, a que se le imaginase y representase Calitea como un portento de juvenil y angelical hermosura. Era, pues, devotísima de aquel paladín del empíreo, y no dejaba de dirigirle muchas de sus oraciones.

V

Tan embebecida estaba en ellas, al anochecer de cierto día, que no advirtió entre las sombras que se extendían ya por el interior del templo, que alguien la observaba con persistencia y fijeza, admirando, sin duda, su rostro y toda su persona, sobre los cuales caían de soslayo los últimos fulgores del moribundo día que penetraban por una ventana poco distante.

Levantose Calitea y se encaminó hacia la puerta. Su admirador la siguió, recatándose un poco y aun sin ser por ella advertido.

La iglesia estaba desierta.

Cerca ya de la pila del agua bendita, Calitea reparó en alguien que se adelantaba, pero en quien solo podía descubrir un bulto negro. Amplia capa de dicho color le caía desde los hombros casi hasta los pies.

No fue pequeña, ni desagradable tampoco, la sorpresa de nuestra heroína cuando, al ir a tomar agua en la pila para ponérsela en la frente, haciendo la cruz, se interpuso el desconocido, que acababa de mojar sus dedos y le ofreció el agua con notable cortesía.

La muchacha, a pesar de su altivez y recato, no acertó a rechazar tan santo obsequio, ofrecido del modo más respetuoso. Tomó, pues, el agua, tocando con sus dedos los dedos húmedos de quien se la ofrecía, cuya mano, según ella notó al mirarla y tocarla, era blanca, suave, muy cuidada y muy bonita, y tan pequeña, que no era mayor que la suya, aunque ella no las tenía, por cierto, ni feas ni grandes.

Miró también Calitea a todo el sujeto de la mano, y vio que era un mozuelo, al parecer de menos edad que ella, casi un niño, pero vestido muy a lo guerrero, y tan gentil y gracioso, que hubiera podido tomarse por el propio Arcángel, a quien ella acababa de rezar, y que se había descolgado del camarín para venir a saludarla. Las calzas ceñidas, de paño verde oscuro, dejaban ver la forma de las piernas, firmes, enjutas y bien torneadas; sobre el jubón o coletín de gamuza relucía la malla de acero bruñido, y del cinturón, de adobado becerro montaraz, pendía en medio la escarcela, al lado derecho una daga y al otro lado la espada. Sobre el puño apoyaba el galancete la mano izquierda, calzado el guante y sosteniendo donosísima caperuza, cuyo copete era una gran pluma de águila.

Su cabeza, bien plantada y descubierta entonces, aparecía coronada por los bucles, de oro de la abundante y larga cabellera; eran sus ojos azules como el cielo; la frente, despejada; ligero bozo apenas sombreaba, o más bien doraba, el labio superior con una sospecha de bigote, y la nariz recta, la barba firme y la boca desdeñosa e imperativa se contraponían chistosamente a lo adamado del resto de la persona.

Todo lo dicho agradó en extremo a Calitea, la cual sintió que, como en fortaleza que asalta el enemigo cuando más segura y descuidada se halla, se le entraba en el pecho y le alborotaba el corazón un tropel de sentimientos sobrado tiernos y hasta aquel instante jamás por ella experimentados. Pero lo que más la hechizó, moviéndola a desechar toda cautela, desvaneciendo recelo y disuadiéndola de reparar su descuido y de precaverse para en adelante, fue la turbación que advirtió en el mozo que le ofreció el agua bendita y el encendido rubor que le arreboló la cara, aumentando su amabilidad inocente.

Al llegar a este punto hacía notar don Juan Fresco, y yo debo imitarle, que en el país y en la época en que ocurrieron estos sucesos, ni se necesitaban aún previas presentaciones para que se hablasen las gentes, ni éstas, cuando se consideraban iguales, se daban tratamiento, sino que, si bien las más ceremoniosas empezaban por hablarse en tercera persona, lo usual era tutearse de buenas a primeras. Así, pues, no ha de parecer a nadie falto de la conveniente circunspección y decoro el diálogo que sigue, entablado por Calitea, después de dar las gracias por el agua ofrecida y aceptada.

—Y dígame —preguntó ella—, ¿es por ventura el señor soldado forastero en esta ciudad?

—Lo soy —contestó el mancebo—. Ayer llegué del lugar en que me crié y donde vive retirado mi padre, hidalgo de poquísimos bienes de fortuna. A fin de que yo me la busque, de lo que estoy impaciente, mi padre medió su bendición y armas y caballo, y me dejó venir por aquí.

—¿Y cómo consintió tu padre en que vinieras solo, al verte tan niño como eres?

—No soy tan niño —dijo él algo picado—. Veintidós años he cumplido ya.

—No lo creerías no me lo dijeses. Eres más viejo que yo: tienes dos años más. Perdona, hombre, que te haya tratado como a un rapazuelo, sin los miramientos y atenciones que se deben a personas de mayor edad.

—De ti no quiero yo más miramientos sino que me mires con muy amistosa simpatía.

—Pues eso estoy por afirmar que lo has logrado, y de fijo que lo conservarás y aumentarás si eres, tan bien criado y juicioso como tu buena presencia promete.

—Lo que es bien criado, ¿cómo no serlo contigo hasta el más rendido acatamiento? En punto a juicio, difícil será que le conserve si tú me le robas.

El joven pronunció la última frase siguiendo a Calitea, que había salido ya de la iglesia e iba andando hacia su casa.

Volvió ella el rostro, y dijo sonriendo:

—Déjate de lisonjas. No gusto de ellas nada. Si sigues así, no llegarás a verme otra vez, para que ni en broma me acuses de que por mí te vuelves loco.

—No te enojes. Yo me quedaré cuerdo, pero consiente que te acompañe hasta tu casa.

—No; vete ya.

—Me iré, si lo mandas.

—Lo mando.

—Bien está; pero prométeme que vendrás mañana por aquí a la misma hora.

—¿Y para qué?

—Para que yo tenga da dicha de verte y de hablarte.

—Pero, desventurado, ¿no ves que perderías así el tiempo? ¿Buscas fortuna? Pues mal modo de hallarla es andar en conversaciones ociosas.

—No serán ociosas. Tú eres, lo conozco, tan discreta como prudente, y deseo pedirte consejo.

—Eso ya es distinto. Aunque no presumo de buena consejera, la conciencia me remordería de negarte el consejo que pides. Me queda, con todo, un escrúpulo. Es sacrilegio citarnos en la iglesia para tratar asuntos profanos.

—Pues dime dónde vives, e iré a tu casa.

—¡Imposible! ¿Qué diría mi madre?

—Entonces, sal ya tarde a la reja, cuando tu madre se acueste.

—¡Jesús! ¿Qué estás diciendo, muchacho? ¿Qué pensarías de mí si yo tal hiciese? Apenas te conozco. No sé siquiera tu nombre.

—No quede por eso, hija mía. ¿Conque no me viste rezar con devoción junto a la capilla del Arcángel, donde, aun no sé si para mi desgracia o para mi ventura, te vi y te admiré? Fui allí, porque el Arcángel es mi santo. Me llamo Miguel.

—Bien está, Miguel. Márchate ahora, déjame en paz y no quieras convertirte en diablo.

—¡Cruel! La diablura es que me despidas. ¿Y por qué?

—Ya es de noche; pero mis vecinas están atisbando siempre, y tienen ojos de lince. ¿Qué no murmurarán si me ven con mancebo tan cubierto de armas? Supondrán que me llevas presa.

—El preso y el enredado soy yo en la mágica red que tienden cuando miran tus ojos divinos.

—Ya te he dicho que detesto los requiebros —exclamó Calitea, negando con la complacida expresión de su sonrisa, con su dulce mirar y con lo trémulo de su voz, las palabras que pronunciaban sus labios.

El ansia de amar, el torrente de afectos, contenido y represado hacía cuatro años, desde que Calitea era mujer, había roto los diques y brotaba con tal ímpetu de su alma, que no lograban atajarle la reflexión y la prudencia.

En abono de la joven, y a fin de que nadie la tilde de liviana, fácil y antojadiza, debemos observar que no era personaje ordinario, sino prodigioso por todos estilos, quien de tal suerte la trastornaba, grabándose, cual sello en blanda cera, en la dureza diamantina de su corazón hasta entonces desamorado y arisco.

Harto bien reconocía ella el inevitable vencimiento de su voluntad. Oía voces en lo interior de su alma que le cantaban cada vez que miraba a Miguel:

—¡Qué monada de muchacho! ¡Es un primor! ¡Es un brinquillo! ¡Es un dije!

Dominada por tan poderosos, íntimos ensalmos, no es de maravillar que Calitea, sin caer en lo que hacía, en vez de volver a su casa por el camino más corto, rodease bastante, prolongando la conversación.

—Vete, vete ya —dijo para terminarla—. Déjame, por Dios. No quiero que me vean contigo.

Y añadió, para que él supiese también el nombre de ella.

—Calitea te lo suplica.

—Yo te obedeceré, porque soy tu esclavo; pero no seas tirana, dulcísima Calitea, y no me hagas víctima de la más negra desesperación. Necesito hablarte con más reposo. ¡Sal esta noche a la ventana!

—¡Qué locura, cielos santos! ¡Qué locura!

—Apiádate de mí. ¡Sal a hablar con quien te adora!

—Me avergüenzo de mí misma. ¡Cuán ruin concepto vas a formar de mí!... Ya estamos junto a mi casa. ¡Vete, vete!... ¿La ves? Es allí. Ven esta noche, a las doce.

Dijo esto poniéndose colorada como la grana. Redobló el paso, casi echó a correr, y entró en su casa con precipitación, dejando al galán en medio de la calle.

VI

Bien se comprenden la puntualidad y el contento con que el galán acudiría a la cita, a la que tampoco faltó Calitea.

La cita se repitió muchas noches, y en cada una crecían el entusiasmo de los dos enamorados, el alborozo que sentían al verse y la pura llama de aquellos dulces amores.

Calitea, sobre los planes y propósitos que Miguel le había confiado, levantaba en su imaginación un monte, un cúmulo gigantesco de futuras y brillantes prosperidades y triunfos.

Se casaría con Miguel cuando él conquistase una posición desahogada. Acaso sería menester aguardar cinco o seis años; pero ella y él eran muy mozos, y ella tenía constancia, calma y brío para aguardar. Entre tanto, se enorgullecía del papel que le tocaba hacer. Ella habla descubierto todo el talento, todas las aptitudes de Miguel, y era ya y seguiría siendo luz más clara que revelase a él su propio valer, estrella que le sirviese de guía y estímulo poderoso que despertase más su noble ambición y le moviese a emprender y llevar a cabo actos de virtud y obras de ingenio.

Soñaba Calitea que, como jardinera hábil que cultiva con esmero una planta generosa, la cual da al cabo sazonadísimo fruto, iba ella con influjo magistral a sacar de su amigo un héroe, un sabio, un político eminente, por donde, desde la oscuridad y pobreza en que vivían, acabarían ambos por alzarse unidos a las más luminosas y sublimes esferas sociales.

Y no soñaba así Calitea porque fuese ambiciosa. Ella se contentaba con la posición más humilde. Todo lo anhelaba por él y para él, y para que en mucha parte se lo debiese a ella, a la inspiración, al aliento, a la confianza y a la fe que en él tenía y que se lisonjeaba de comunicarle, llenando su corazón de egregias esperanzas.

Tenía Calitea un gusto acendrado, y lejos de hablar de tales cosas con persistente seriedad, procuraba que la conversación fuese alegre, burlando, riendo y tratando de su cariño. Y hasta donde su limpia honestidad lo consentía, y con infantil candor, solía hacer a su amigo muy regalados favores. Tal vez le tomaba la mano, y, poniéndola palma con palma sobre la suya, celebraba lo bonita y lo pequeña que era. Tal vez se atrevía a tocar su bigotillo, que hallaba suave como seda. Y tal vez enredaba entre sus dedos, y alisaba y acariciaba después, con delectación artística, los dorados rizos del muchacho.

Como éste distaba infinito de ser de piedra, no dejaba de alborotarse, y deseaba y pedía; pero la dignidad natural y la no fingida inocencia de la joven, más aún que la interposición de la reja, le tenían muy a raya. El más señalado favor que consiguió, en una ocasión sola, fue que ella acercara la frente para que él la besase; pero el beso fue fugitivo y tan somero, que apenas se posaron en aquella fresca tez los labios sedientos.

Aunque tan deliciosas entrevistas se celebraban con extraordinario sigilo, nada bastó a evitar que alguna vecina, de las que llamaba Calitea, con sobrada razón, atisbadoras, se enterase perfectamente de todo y fuese al punto a referir el chisme a la persona a quien imaginó que más podía doler: al propio don Hermodoro. Este, mortificado y lleno de celos y de envidia, acudió a quejarse y a lamentarse con doña Eduvigis, contándole lo que ocurría, con mil malignos rasgos y perfiles que lo tornaban reprensible y aun pecaminoso.

¿Quién acertará a describir el furor que se apoderó de doña Eduvigis al saber sucesos tan graves? Las filípicas que echaba a Calitea eran elocuentes y feroces.

—Tú me vas a matar a disgustos —exclamaba—. ¡Ay, ay! Si viviese tu padre no estarías, tú tan emancipada. De él harías caso, ya que de mí no le haces. Al saber tu conducta se pondría hecho un tigre: te daría una soba y te metería de patitas en un convento. Mira en lo que han venido a parar tus arrogancias: en rendir tu voluntad realenga a un rapazuelo vulgar; en enamorarte como una loca de un pelafustán, gandul, sin oficio ni beneficio, que, según me aseguran, no tiene sobre qué caerse muerto ni para mandar rezar a un ciego. Y... ¡si fuese capaz de ganárselo con sus puños! Pero... nada... ¿qué ha de ser capaz? Todos están de acuerdo en que es un chiquilicuatro, un mequetrefe, un alfeñique, un soldadete de caramelo o de alcorza. ¡Lindo avío estamos haciendo! Medrada andará tu reputación en boca de los maldicientes. Te sacarán el pellejo a túrdigas. A mí me va a dar un soponcio, y me voy a quedar en él si no despides a tu almibarado mozalbete. Es necesario que le despidas, que le mandes muy enhoramala y cuanto antes.

Con pocas variaciones, pero con muchas amplificaciones, pronunciaba doña Eduvigis este discurso seis o siete veces cada día. A Calitea le entraba por un oído y la salía por el otro; mas aunque estaba hecha a las voces como los pájaros del ruedo, trataba de calmar a su madre, haciéndole caricias, diciéndole chistes hasta que la excitaba a reír, y asegurándole que Miguel era el mejor novio posible, y, sobre todo, que ella le quería; que jamás tendría otro novio; que estaba decidida a esperar años hasta que él tuviese medios para vivir con cierta holgura y casarse, y, por último, que si esto no se lograba, ella se quedaría soltera. Calitea, además, ponderaba los méritos de su novio y cuánto había que confiar en su porvenir por poco que la suerte le favoreciera.

La madre se aquietaba al fin, y toda su energía se gastaba en palabras, sin que hiciese ni pudiese hacer cosa alguna en contra de la resuelta y firme determinación de su hija.

Don Hermodoro, entre tanto, estaba picadísimo de que un descamisadillo oscuro le hubiese vencido y se hubiese hecho dueño de la joya que él codiciaba tanto; y como no podía desahogarse reprendiendo a Calitea, la cólera reconcentrada le atenaceaba el corazón y le estimulaba y le pinchaba de continuo para que se vengase. Horrible era la pelea que habían trabado dentro de su alma las contrapuestas pasiones. Los celos no se andaban con chiquitas y pedían la muerte de aquel odioso rival; pero don Hermodoro era un señor grueso, sano, colorado y floreciente, que estimaba no poco la vida de los otros y mucho más la suya. Su caridad era tan inmensa, que si bien irradiaba sobre el linaje humano, le amparaba y le fomentaba a él más que a nadie, como su centro o su foco. De aquí que don Hermodoro fuese caritativo con su propio ser y con los demás seres, hasta el punto de procurar desentenderse, para que no se le indigestasen, de que los cerdos, las perdices y los pollos que le servían habían recibido violenta muerte a fin de que él se los comiera.

Con tal condición y disposición de espíritu, su sed de venganza era atroz; pero no sabía cómo dejarla satisfecha. Lo suponía todo con previsión admirable, y descubría colosales inconvenientes. Daba ya por hecho que ciertos jaques, pagados por él, iban a espantar, nada más que a espantar, al mozuelo, y a hacerle huir de la ventana y aun de la calle; pero, ¿y si él mozuelo tenía valor y se resistía? Entonces las cuchilladas y las estocadas eran inevitables; y en su mente se presentaba ya muerto el rival, cuyo espectro ensangrentado venía por la noche a tirarle de los pies y a sacarle arrastrando de la cama. Otras veces se figuraba que se entablaba proceso judicial por la muerte de Miguelito; que se descubría que él había pagado a los asesinos, y que (no había más remedio) a él, a don Hermodoro, le llevaban a la horca. Era tal la excitación de sus nervios, que en sueños, y aun durante la vigilia, sentía el áspero roce de la soga que empezaba apretarle el pescuezo.

La fuerza de estos remordimientos anticipados no hubiera consentido jamás que se proyectase nada contra Miguelito, si el Pacífico mercader no hubiese tenido un secretario muy pícaro y muy adulador, que privaba con él, que le dominaba, y a quien él confiaba todas sus penas y planes, pidiéndole consejo. El secretario presumía de valiente, y el medio que más empleaba para ganarse la estimación y la amistad de su amo era referirle sus aventuras, atrevimientos, proezas y peligros.

La ocasión se ofrecía pintiparada para lucirse y prestar un gran servicio al mercader. Asegurole el secretario que él se encargaba de ahuyentar al mozuelo sin hacerle apenas daño. Y don Hermodoro, diciendo que no, sin comprometerse, explicando siempre su intención de que no pasase el caso de lo que pudiera calificarse de bronca incruenta, consintió en lo que el secretario tramaba, y éste quedó comprometido a dar cima a un acto que, si bien algo violento, no podía tener consecuencias muy serias, por ser contra débil enemigo.

VII

Sin recelar desaguisado, Calitea y Miguel estaban, como de costumbre, hablando una noche a la reja. La calle era estrecha y tortuosa; pero en el cielo sin nubes relucían millares de estrellas. La Luna creciente bañaba la amplitud del espacio en resplandor apacible y tenue. Las casas, que entonces no tenían más de un piso, no impedían que la luz penetrase en la calle, y en ésta no reinaba la oscuridad, sino grata penumbra.

El silencio y el reposo eran completos.

Calitea, refrenando, con no estudiada ni aprendida maña, toda exigencia audaz y todo arrojo de su novio, sabía entretenerle con su charla y hacer que las horas volasen como por encanto.

Eran ya las dos de la madrugada.

Una sola cosa enojaba, a veces, al galán y le ponía enfurruñado. Calitea, sin saber y sin querer acaso disimularlo, le trataba con tono protector y con un afecto que tenía algo de maternal; como la hermana mayor, aunque ella no lo era, trata al hermanito menor mimado. El se resentía tal vez, sin declarar su resentimiento, porque le hubiera humillado, de que ella jugase con él como un niño; pero pronto conjuraba ella la pasajera nube, haciéndole comprender que si gustaba de él como de precioso juguete, también le tomaba por lo serio, le estimaba como joya y le consideraba como a un hombre de quien podían esperarse los más nobles hechos.

Aquella noche había habido una de estas pasajeras nubes, y Calitea, a fin de disiparla, dilató la conversación adrede y más que de costumbre. Había hablado con gravedad de sus proyectos, de todo cuanto él debía ambicionar y era capaz de conseguir.

Volviendo luego a las risas y a los juegos, porque la formalidad muy continuada la aburría y le infundía temor de aburrir, Calitea ponderó la pequeñez del pie de su novio y se empeñó en demostrar que no le tenía mayor que el de ella. Para esta demostración, después de obtener de Miguel, bajo palabra de honor, la promesa de que le devolvería un objeto que iba a darle prestado, se quitó un chapín para alargárselo a través de los hierros y ver si se le calzaba.

Iba él a tomarle ya, cuando notó (lo que hasta entonces no había notado, ni Calitea tampoco, por lo distraídos que ambos estaban) que dos hombres se le venían encima y se hallaban a cuatro o cinco pasos de distancia.

Miguel echó mano a la espada; pero, aun antes de sacarla, dijo tranquilamente:

—Atrás, amigos. Y si quieren pasar, pasen pronto por la otra acera. Yo no les atajo el paso.

—Quien se va a largar eres tú —contestó entonces con voz destemplada y ronca uno de aquellos espantajos—. ¡Ea... pies en polvorosa, si no quieres que te zurre la badana!

La réplica de Miguel fue sacar la espada y caer sobre el desconocido, el cual no era torpe, y, encontrando imprevista resistencia, trataba de herir de todos modos, menudeando las estocadas con incansable fuerza de brazo y con alguna destreza. Por dicha, era mucho mayor la destreza de Miguel, y paraba siempre con calma y primor inverosímil en mozo tan de corta edad y de tan dulce aspecto.

Todo fue rápido: obra de tres o cuatro minutos. Las estocadas que dio el jaque, si no se hubieran quedado en el aire, hubieran podido poblar un gran cementerio. Miguel, por lo pronto, se limitaba a parar y no respondía. Al fin, el jaque se echó a fondo con tan descompuesta furia, que se descubrió sin atinar a reponerse. Miguel paró bien, y con cierto desdén de gran maestro, y para terminar el lance con poca tragedia, atravesó al jaque el brazo, del cual, mal herido, se le cayó la espada.

El jaque fue entonces quien echó a correr, abandonando el campo y dejando en él un reguero de sangre.

El otro desconocido, que era, según se supo después, el secretario de don Hermodoro, aunque estaba con la espada desnuda, o porque no, tuvo tiempo, o de pura longanimidad, no la había esgrimido; y apenas vio que huía su valeroso compañero, cuando consideró que no era vergüenza el huir, y trató de imitarle. Con turbación no pequeña anduvo algo lento y vacilante, y Miguel tuvo tiempo de llegar hasta él y de sacudirle de plano con la espada dos o tres azotes, diciéndole: «¡Arre, arre!», como si fuese una acémila.

Despejada ya la calle, Miguel recogió la espada caída y se la trajo a Calitea, quien había presenciado el suceso harto sobresaltada al principio y después maravillada y complacida hasta lo sumo.

—Guarda esa arma —dijo el galán— y cuélgala en tu cuarto como trofeo.

Recibió Calitea la espada entre risa y lágrimas, y con ímpetu irresistible sacó ambos brazos a través de la reja, cogió entre sus manos la cabeza del mozo, se la acercó cuanto pudo y cubrió de precipitados besos su frente, sus mejillas, sus párpados y sus bucles de oro.

—¡Viva! ¡Viva! ¡Hermoso mío! ¡Señor y rey de mi alma! Pero... vaya... es necedad... es delirio... no, no quiero que expongas tu vida... sin razón y sin gloria. Esta calle es medrosa y solitaria a altas horas de la noche. No volveré a salir a la reja. Ven a casa de día. Mi madre te aguantará; no te pondrá mala cara; acabará por quererte como yo te quiero. Las vecinas, ¿qué importa que te vean? ¿Es pecado tener novio?

Hablaba Calitea tan a escape, que Miguel no podía interponer palabra.

De repente lanzó Calitea un grito de terror, mira, mira, es un tropel de rufianes, de asesinos, que vienen contra ti.

En efecto, eran seis los jaques que en silencio y en buen orden de batalla avanzaban entonces.

El secretario, a retaguardia, los seguía, anhelando vengarse de los azotes.

Había tenido de reserva a toda aquella gente en una taberna cercana y había venido nada más que con uno la primera vez, creyendo la empresa fácil y a fin de recoger solo los laureles. Ahora acudía con todas sus fuerzas, menos el que en la taberna quedaba herido.

—No te asustes, Calitea —dijo Miguel—; ya te probé que no soy manco. Ahora te probaré que tampoco soy tonto. ¿Para qué aventurarme contra media docena de matones?

—Huye —exclamó ella.

—Eso no; pues no faltaba más —repuso Miguel, y tocó un silbato, que sonó agudamente en el silencio de la noche—. Lejos para no estorbar y cerca para acudir en sazón, me guardan las espaldas las dos mejores espadas de este reino —añadió sin quedar ocioso mientras hablaba, porque se lió la capa al brazo izquierdo, desenvainó la espada, se puso en guardia y aguardó la acometida, amparando la espalda contra la reja misma, detrás de la cual se agitaba Calitea como furiosa y enjaulada leona.

Hubiera salido a la calle a gritar, a pedir socorro, a defender a su amigo sin saber de qué suerte, si no guardase la llave de la puerta su madre, que dormía encerrada y que solía acostarse del lado no sordo, y no despertaba aunque el universo se hundiese.

Calitea apelaba al único recurso que se le ofrecía, y como si su voz tuviese poder de aterrar, gritaba a los jaques:

—¡Atrás, infames! ¡Atrás, cobardes asesinos!

Luego, con más altos gritos, clamaba:

—¡Socorro! ¡Socorro! ¡Qué me le van a matar!

No porque la hubiesen oído, sino porque oyeron el silbato, dos hombres aparecieron por la dirección opuesta a la que los jaques habían traído.

Estos cercaban ya a Miguel. Algunos llevaban broqueles; otros esgrimían espada y daga.

Toda la agilidad portentosa de Miguel hubiera sido inútil si no acude tan pronto la gente que llamó en su auxilio.

—Hola —dijo cuando los vio—, a mí, Leoncio; a mí, Tristán; y sacudid recio.

Brava pelea se trabó entonces.

La imprevista llegada de aquellos dos hombres aturdió y descompuso la banda de los que cercaban a Miguel.

El secretario, que se había quedado detrás para exponerse menos, fue el primero sobre quien cayó uno de los recién llegados; pero el secretario, en vez de defenderse, se puso en fuga, y, como si le brotasen alas en los pies, desapareció volando de aquella, en su ya trocado sentir, horrorosa escena. Nadie le persiguió, porque había que acudir a mayor peligro y vencer a contrarios de más alientos.

Pronto se repusieron los jaques del desorden ocasionado por la sorpresa. También ellos tenían su negra honrilla, y eran seis contra tres. Bien notaron enseguida que eran estos tres tan diestros como valientes; pero en la retirada, a más de la vergüenza, había acaso, con tan obstinados contrarios, no menor peligro que en resistir.

La continuación de la batalla se hizo, pues, inevitable, si bien tomó aspecto muy otro del que al empezar presentaba.

Sin más pérdida que la leve herida de uno de ellos, los jaques se replegaron hacia la acera opuesta, haciendo cara a los tres que ahora en fila los atacaban.

Grandes desgracias y muertes hubiera habido allí, ya que nadie acudía a separar a los combatientes, a pesar del estruendo que metían con el choque y el ludir de las espadas, con el crujir y restallar de los golpes en los broqueles y con sus muchos reniegos y maldiciones, si el tabernero, que era avisado y piadoso, al ver al herido que le dejaban en casa, y al notar que los otros jaques iban resueltos a proseguir la riña para tomar el desquite, no hubiera salido a escape y dado cuenta de todo al señor corregidor, el cual, por extraordinario, andaba rondando la ciudad con gente de armas de a pie y de a caballo. La misma asistencia del señor corregidor en la ronda hacía presumir al tabernero, que todo lo olía y todo lo calculaba, que pudiera recelarse algo grave.

En efecto, el corregidor acudió al lugar de la batalla con la mayor diligencia. La calle se puso de bote en bote, rebosando de corchetes y de alguaciles.

Ambas huestes beligerantes depusieron las armas y se rindieron a la autoridad.

El corregidor, personaje de muchas campanillas, como que había sido nada menos que ayo del rey, se apeó del caballo que montaba y se dio a buscar a alguien, como si buscase al peor de los alborotadores. Miguel, recatándose, se había refugiado al pie de la ventana de Calitea.

El corregidor llegó allí, se dirigió a Miguel e hizo ademán de ir a agarrarle por una oreja.

Miguel le dio un empellón, y le dijo riendo:

—¡Estate quieto, viejo chocho!

Entonces el corregidor, en vez de agarrarle la oreja, le tomó la mano y se la besó, lleno de profundo respeto.

Sorprendida oyó Calitea, aunque pronunciado en voz baja, el diálogo siguiente:

—¿Y cómo no he de estar chocho, señor, cuando ni tu augusta madre ni las señoras infantas, tus hermanas, me dejan en paz un instante desde hace algunos días? Saben que todas las noches te escapas de palacio y no vuelves hasta las dos o más tarde; ignoran dónde vas, y se afligen con el temor de que ocurra el mayor de los infortunios. Por tu culpa ando yo de ronda a mis años. Ganas me dan de ser insolente contigo, y de llamarte el príncipe de menos juicio que hay sobre la tierra.

—¡Bueno! Échame un sermón ahora, como cuando me tomabas la lección y yo no la sabía; pero déjate de averiguaciones y castigos. A esos galopines que han peleado contra mí, que se los lleven a dormir a la cárcel pero que los traten bien y que les den de cenar y libertad mañana. Así lo quiero y lo ordeno. Que no sepan de fijo, aunque lo sospechen, que han cruzado conmigo las espadas.

—Y gracias a Dios que llegué a tiempo.

—¡Gracias a Dios! Pero también sin ti hubiéramos salido airosos. Vete ya con tu gente y déjame.

—Pero, señor, ¿por qué no te vuelves a palacio? ¿Por qué eres tan poco prudente?

—Vete, te digo.

—¿Y a quién dejo por aquí?

—A nadie. Me basta y me sobra con Tristán y Leoncio.

—Señor, ¿te recogerás pronto? ¿Escarmentarás?

—No escarmentaré; pero me recogeré antes de media hora, si me dejas. Vete; ya sabes que te quiero mucho; pero déjame en paz. Mi madre y mis hermanas se irán acostumbrando a mis vuelos y los tomarán con más calma en lo sucesivo.

A poco de terminar esta conversación, la calle se veía otra vez sin gente y muy tranquila. El rey estaba solo a la reja de Calitea.

VIII

Mucho me alegraría yo de poder evitarlo o remediarlo, pero no parece sino que el mismo diablo lo hace a fin de que me caiga encima, con algún fundamento la censura de varios críticos que acusan a mis heroínas de que discretean demasiado. Solo diré, y válgame por disculpa, que yo no he inventado esta historia: que esta historia es verdaderamente popular y tradicional, y que no es solo a don Juan Fresco a quien se la he oído, sino también a gañanes y a mujeres del pueblo. Todos, con más o menos arte, prestaban a Calitea los sentimientos y pensamientos que voy a expresar aquí.

Sobre ser ella discretísima, era decidida, imperiosa, y en el hablar no menos expedita que doña Eduvigis, aunque mil veces más oportuna. Hablaba asimismo tan briosa y rápidamente, si alguna pasión la agitaba, que no había medio de interrumpirla ni de contradecirla. Era menester oírla hasta el fin sin desplegar los labios.

No se extrañe, pues, que Miguel, en quien hemos descubierto tan egregia persona, escuchase a Calitea en silencio, aunque impaciente, y que ella, con acento conmovido, pero con entereza, se expresase así:

—Mi señor y rey: no califiques, por Dios, de desacato la noble libertad de mis palabras. No te ofendas aunque te lo diga: tú me has engañado taimadamente; pero no me quejo: te lo perdono; es más, te lo agradezco con toda mi alma. No hubieran nacido en ella sin tu engaño tan risueñas esperanzas. Sin tu engaño jamás la hubieran hechizado tan celestiales ensueños. Muy triste es el despertar y el volver a la realidad de la vida; pero yo tendré valor para sufrirlo todo. Quiero suponer que, enamorada de ti, fuese yo capaz de perder el pudor y la vergüenza; de echar a rodar mi reputación y mi recato; de desafiar la ira del cielo; de faltar a todos los mandamientos divinos. No hablaré, pues, ni de religión, ni de moral, ni de honra. No me jactaré de mi virtud, ni de mi honestidad, ni de mi soberbia siquiera. Todo voy a darlo en este momento como perdido por causa tuya. Aun hay algo que es imposible dar por perdido. No: yo no me resignaré jamás a transformar la peregrina historia que me había forjado, en el más vil, ordinario y rastrero de los sucesos. No puedo ser ya, primero tu guía, casi tu iniciadora, ni él estímulo de tu ambición, ni la causa de tu elevación y tu mujer legítima luego; pero no me allanaré ni me humillaré nunca hasta ser tu manceba. No me vuelvas a ver. No me busques. No turbes la paz de mi pecho. Sea un sueño para ti lo que entre nosotros ha pasado. Mi resolución es firme e inquebrantable. Yo pensaré en ti, y te recordaré y amaré tu recuerdo como algo que no es real ni de esta esfera y mundo en que vivimos, sino de otros mundos inasequibles y de regiones remotas y aéreas, donde los duendes y las hadas habitan. Pero en este mundo real, bien puedes darme por muerta para ti, porque yo, señor, por muerto, por desvanecido y por hundido te tengo. ¡Adiós para siempre!

Así dijo, y, sin aguardar contestación, se retiró Calitea de la ventana y cerró las puertas de madera.

El rey se quedó en la calle atortolado y confuso.

IX

A diversas personas he oído yo la historia que trato de fijar para siempre en estas páginas, dándole forma adecuada. En lo esencial la historia es siempre la misma: solo varía por tal o cual menudencia, y más aún por ciertas explicaciones y aclaraciones, que ni la vieja aldeana ni el mozo de mulas saben dar, y que don Juan Fresco, hombre ilustrado y muy filósofo, pone en abundancia.

Yo entiendo que conviene adoptar un término medio; así, aunque no me limitaré, con el modo escueto y por el estilo mondo y lirondo que los rústicos usan, a referir los lances extraños que luego sobrevienen, sin tener al lector algo prevenido, todavía, en obsequio de la brevedad, he de suprimir aquí las dos terceras partes de las filosofías, moralidades y razonamientos que mi tocayo prodiga.

Ya dije que el rey se quedó turulato al oír el discurso de Calitea. En esto convienen todos. El caso no era para menos.

Había sido educado este joven príncipe hábil y severamente por su señora madre, dechado de reinas viudas. El refrán escolástico, sin embargo, tiene razón que le sobra: Quod natura non dat Salamanca non prestat. El esmero de la madre hubiera valido poquísimo sin las nobles prendas de carácter, inteligencia e ingenio que naturalmente adornaban al rey. Como el labrador en terreno fértil, bien podían exclamar y exclamaban los maestros, con arrogancia y con júbilo, que no trabajaban en balde y que era su azadonar para ganar. El rey aprendía todo lo que le enseñaban y adivinaba el resto. A los dieciocho años, cuando verdaderamente tomó las riendas y empezó su reinado, ya sabía cuanto entonces había que saber del trivio y del cuadrivio, y poseía además extraordinarios conocimientos en historia, leyes y otras ciencias políticas. Los cortesanos, entusiasmados, veían en él a un Salomón flamante.

Y no se crea que, por el afán de cultivar el espíritu, se había desatendido la educación del cuerpo. Aprendiendo la danza, arte que enlaza la música con la gimnástica, y es como el guión entre lo que debe aprender el alma y los corporales ejercicios, el rey había adquirido soltura fina, o sea agilidad y gracia en sus movimientos y ademanes, lo cual realzaba su gallardía y su belleza. Era capaz de luchar, como el oso, a pesar de la esbeltez aristocrática de su persona. Corría como el galgo, brincaba como la ardilla, nadaba como la trucha y montaba a caballo con firmeza y primor, domando los potros más bravos y cerriles.

En lo tocante al manejo de las armas, ya hemos visto lo que sabía hacer cuando las circunstancias lo requerían.

Engolfadísimo en sus estudios, prestando seria atención y empleando horas y horas en el gobierno de la monarquía, que estaba floreciente con su desvelo y su tino, y solazándose en la caza, a la que tenía mucha afición, y en la que robustecía sus miembros y aun los fatigaba para hacer luego más grato y profundo el reposo y el alimento más apetecible y más sano, nuestro joven príncipe, ¡oh insólito prodigio!, cuando conoció a Calitea, la primera vez que se escapó de palacio, de noche, y a hurtadillas de su madre, acababa de cumplir veintidós años, y hasta entonces no se había acordado para nada de que había mujeres. Sus dulces e inocentes amores con Calitea fueron el estreno práctico, la doctrina inicial que recibió sobre este punto.

Importa que se sepa que el clero secular y regular, los consejeros y magistrados, algunos palaciegos vetustos y bastantes señoronas devotas, rígidas y principales, ponían por las nubes la honestidad y pureza del rey, a quien, sobre declararle doctor y celebrarle como a valiente y diestro en las armas, preconizaban por santo. Pero, en cambio, y eso que no era entonces fin de siglo, había no pocas damas guapas, elegantes y alegres, harto mal avenidas y aun picadas de aquel retraimiento del monarca. Las más prudentes le llamaban hurón, y la mayoría de ellas, que era levantisca y desaforada, prescindía del comedimiento que se debe a los sujetos augustos; inventaba mil patrañas para desacreditar al rey; se reía de su austeridad, y hasta llegó a calificarle de papandujo.

Fácil es inferir de lo expuesto cuánto se alborotaría aquel cotarro, y la sorpresa, el asombro y la envidia que se apoderarían de todo él, apenas vino a traslucirse, si bien de un modo vago, merced a lo circunspecto y sigiloso que era el corregidor, que el egregio niño, de quien se burlaban por suponerle cosido a las faldas de su madre, sin buscar otras faldas a que coserse o hilvanarse, había sacado los pies del plato, se había ido muchas noches a correr aventuras por las calles de la ciudad, y hasta había tenido citas amorosas y andado a cuchilladas.

Reconociendo ya aquellas damas que en el rey había elementos para todo, cantaron la palinodia sobre lo más agrio de las censuras, y se limitaron a murmurar del mal gusto de su majestad, dando por averiguado que galanteaba a alguna mozuela zafia y plebeya. A fin de ennoblecer las regias aficiones enseñando estética, ciencia cuyo nombre no se había inventado aún, pero que ya existía, las damas que eran o que presumían de ser más bellas redoblaron su afán en adobarse y emperejilarse cuando se mostraban en fiestas y reuniones, y aun enviaron por elixires, aguas de olor, sahumerios y nuevas galas a Milán, a Florencia y al propio París, que ya empezaba en aquella edad remota a ser el laboratorio de las mudas y de los afeites, y el taller y el foco de las elegancias femeniles.

X

El rey, a quien, fuese el que fuese su verdadero nombre, seguiremos llamando Miguel, o más bien don Miguel, para no ser irrespetuoso, no dejaba, entre tanto, de pensar en Calitea, cuya beldad, evocada por el recuerdo, eclipsaba la de todas las damas que eran el ornato y el orgullo de la corte.

Él, al pronto, se había enojado bastante de la repentina brusquedad con que la joven le había despedido.

«¿Qué culpa —decía para sus adentros— tengo yo de haber nacido rey? Y, por lo demás, por el disimulo o el engaño, con que oculté que lo era, ella misma confiesa que estuvo muy en su lugar; que hubiera sido yo tonto de capirote si le digo enseguida: mira que soy el rey; que me perdona el no habérselo dicho, y que de tan leve falta, si lo fue, nació la ventura de que durante algunos días hemos gozado. Ahora bien; ¿a qué tanto desvío a los pocos minutos de haberme mostrado el más entrañable afecto? Es evidente que yo no puedo ni debo hacer de Calitea mi reina; pero...»

Y aquí tomaban las regias cavilaciones un giro tan enmarañado y nebuloso, que yo no atino a trazarle con palabras. Luego sus pensamientos volvían a aclararse y se resumían en estas cláusulas:

«No; yo no la creo ladina, ni fríamente astuta y calculadora. No me despidió para prenderme mejor en sus redes, haciéndome formar un concepto elevadísimo de su virtud. Pero, ¿quién sabe?... Sus propósitos eran leales... de buena fe... Y, sin embargo, ¿por qué ha de persistir en ellos? ¿Por qué no ha de quebrantarlos y rendirse si me obstino en obsequiarla y en pretenderla?»

Después de discurrir así, nuestro don Miguel fue no pocas tardes, entre dos luces, a la catedral, y se estuvo horas de plantón, junto a la capilla de su santo patrono. Calitea no pareció nunca. Le paseé la calle a ver si ella salía a la reja o volvía para entrar en su casa. Tampoco tuvieron buen éxito estas tentativas.

El rey se dio a sospechar que estaba haciendo un papel ridículo. ¡Si las damas y los caballeros de su corte llegaban a descubrir que él suspiraba por una costurerilla que no le hacía caso, aunque le rondaba la calle, las burlas iban a ser crueles y a darle inmortal reputación de memo. Cesó, pues, en sus rondas, pero no desistió de la empresa.

Como era celosísimo de su dignidad y muy avisado, no cayó nunca en la tentación de escribir cartas a la muchacha, quejándose, en verso o en prosa, de sus ingratitudes. Verba, volant, scripta manent. Omnímoda confianza le infundía Calitea; pero, a pesar de ella, podía caer cualquiera de las cartas que él escribiese entre las manos de algún curioso, y, si bien entonces aun no había periódicos, circular en copia y al cabo ser insertada en las Crónicas y en los Anales, a fin de que, hasta en los venideros siglos, se enterase todo el mundo de su sandez.

El rey, pues, no escribió carta ninguna. Halló mejor y menos comprometido recurso.

Leoncio, el principal de sus escuderos, era un hidalgo de edad provecta, que había servido al rey su padre; tenía facha tan grave y señoril, que inspiraba veneración, y su mente, a par que abismo insondable para esconder problemas, era oficina muy apta para resolverlos. Don Miguel había averiguado, porque era difícil que nada se le ocultase, que su augusto padre había tenido bastantes devaneos, y que Leoncio había terciado en ellos como cauteloso y eficaz paraninfo.

El rey confió a Leoncio todos sus pesares y le encomendó que le buscase el conveniente remedio.

Calitea, en aquella confusión de la noche de la pendencia, no había visto sino el bulto de Leoncio, de modo que éste pudo sin dificultad introducirse en casa de la joven, bajo el plausible pretexto de encargarle que bordase un magnífico terno que para cumplir cierto voto debía él regalar a la iglesia de los monjes benedictinos.

Mientras examinaba muestras y dibujos, en repetidas visitas y sin acabar de decidirse, no tardó Leoncio, con su venerable aspecto y sus finísimos modales, en ganar la confianza de Calitea, y, cuando creyó llegada la sazón oportuna, con toda la habilidad y pericia del hombre más experto y curtido en las artes proxenéticas, descubrió quién era, los mensajes melifluos que traía y los fervorosos anhelos y atrevidos pensamientos de su majestad.

Terrible fue el desengaño. Calitea, sin descomponerse ni alterarse, zapeó muy de firme a Leoncio, y hasta hubo de afear, con bonitos circunloquios que doraban la píldora, que en aquel oficio ruin se emplease persona tan encopetada, tan entrada en años y al parecer de tanto respeto.

Ello es que Leoncio volvió al rey con las orejas gachas y harto afligido del mal éxito y del peor recado.

Aun no desistió el rey, que era tenaz y estaba prendadísimo de Calitea. Ocurriósele que tal vez un rico presente la ablandaría. Dádivas quebrantan peñas, pensó, y sin más reflexiones envió a Leoncio tres o cuatro días después con un rico presente.

Nadie hubiera podido desempeñar esta comisión con mayor delicadeza que la desempeñó Leoncio. Pidió a Calitea perdón de su audacia, se disculpó del oficio que había ejercido por la fidelidad y gratitud que debía a quien le enviaba, y, dando a entender que el rey conocía y respetaba la entereza y la virtud, y que, si bien seguía enamorado, sufriría en silencio y no volvería ya a perseguir a la esquiva señora de su alma, aseguró que le enviaba, como final despedida, aquel recuerdo, y le suplicaba humildemente que le aceptase.

Dicho esto, sin dar tiempo a contestación alguna, Leoncio se despidió y se fue, dejando sobre la mesa de la costurera un sencillísimo estuche donde encerraba un costoso aderezo de perlas y diamantes. Pasaron tres días sin que Calitea se diese por entendida de haber recibido las joyas.

El confidente decía al rey:

—Señor, el triunfo es ya seguro. El pez tragó el anzuelo. Tu espléndido venablo atravesó, al fin, el empedernido corazón de aquella leona; pero debes refrenar tu impaciencia. Parecería en esta ocasión muy poco magnánimo apremiar para el pago, ir al punto a cobrar la res que va herida.

Al día siguiente de pronunciado este lacónico discurso, el rey, previa concesión de audiencia, tuvo que recibir a un pobre sacerdote muy conocido por sus virtudes y vida ejemplar, y que se llamaba don Prudencio.

El sacerdote no hizo más que entregar silenciosamente al rey un pliego cerrado y sellado.

Creyó el rey que sería un memorial y que el clérigo pediría que le hiciesen canónigo.

No sabemos qué despertó, no obstante, su curiosidad, y abrió pronto el pliego y se enteró de su contenido.

Su sorpresa fue grande y mayor su despecho. Aunque sabía reprimirse, se mordió los labios de rabia, y aun hay historiadores que afirman que, a pesar de su moderación y buen tono se le escaparon cuatro reniegos.

El pliego contenía tres hojas, y decía la principal:

«¡Señor! A tamaña generosidad no debe Calitea responder con groserías. Acepta, pues, el presente y le agradece con toda su alma; pero no acierta a darle más digno empleo que el que declaran los documentos adjuntos.»

Uno de estos documentos era la tasación de las joyas y la declaración del joyero más acreditado de la capital de haberlas comprado, pagando dieciocho mil ducados por ellas.

El otro era un testimonio fehaciente, donde con todos los requisitos, fórmulas y reglas que entonces se empleaban, el tesorero del Hospital general afirmaba, para la exactitud de las cuentas y resguardos de don Prudencio, aunque bajo sigilo, a fin de no ofender la modestia de su majestad, que había recibido, por orden y mandato de dicha augusta persona, y hecho ingresar en caja, la suma de dieciocho mil ducados.

Después de esto, el rey se dio por vencido, por burlado y por desahuciado; procuró borrar la imagen de Calitea de su corazón y de su memoria, y se esforzó, aunque en vano, por figurársela, más que entera y honradísima, engreída, soberbia y loca.

Leoncio era quien no quería cejar. Lamentando lo deslucido que iba a salir del primer empeño en que por acreditado zurcidor de voluntades le había puesto el rey, y emperrándose en que hubiese función de desagravios, se atrevió a insinuar el rapto de Calitea.

El rey, que tenía muy buena pasta, no se incomodó, pero rechazó la insinuación con risa. Aunque apenas había cursado el arte de amar, salvo en los prolegómenos y parte especulativa, daba él por cierto que en tan deleitosa asignatura no debía entrar la violencia para nada, sino ser todo armonía, alegre cordialidad y mutuo consentimiento y abandono. Nada de lágrimas. Nada de quejas. Por eso sostenía él que Tarquino, Apio Claudio y otros tiranos por el estilo habían sido unos solemnes majaderos; o bien, adelantándose en escepticismo histórico a Masdeu y a Niebuhr, dudaba de cuanto se dice que les ocurrió con Lucrecia, con Virginia o con otras doncellas o matronas cogotudas, suponiéndolo invención, calumnia de los republicanos y demócratas; lo que ahora llamamos una filfa.

De aquí que el rey solo aceptase como juicioso el consejo implícitamente encerrado en cierta coplilla vulgar que entonces se oía en boca de las cocineras al compás del almirez en que manejaban los aliños para sus guisos. La coplilla responde con toda exactitud a ésta, no menos famosa en nuestro idioma:

> Me han dicho que no me quieres;
> no me da pena maldita,
> que la mancha de la mora
> con otra verde se quita.

En el fondo, el rey, a pesar de su despecho, no quería ni podía persuadirse de que hubiese Calitea dejado de amarle. Tampoco se le ocultaba que la esquivez sublime de aquella mujer lo dolía de veras en lo íntimo del corazón y le daba pena maldita; pero era joven, nada quejumbroso y menos inclinado a melancolías, por donde, sin aprobar las premisas de la copla, aprobó la consecuencia y se echó a buscar moras verdes.

Poco trabajo le costó hallarlas. En su corte casi sobraba verdura, y pronto notó su majestad que estaba en intrincado bosque de zarzas y de moreras.

Leoncio, cargado de laureles, olvidó por completo su primer descalabro, y muy orondo con las victorias que se alcanzaban de continuo, formó lista de ellas, no menos larga que la que saca hoy Leporello en la ópera Don Juan.

Se diría que el rey trataba de recobrar el tiempo perdido. En grande tomaba el desquite. Bien podían llamarle tardío, pero cierto.

Como era natural, los prelados, los sacerdotes, las beatas y otras muchas personas formales y la reina misma se afligieron y se escandalizaron de todo esto; pero como pasaron tres años y no hubo enmienda, tuvieron al fin que resignarse y acostumbrarse.

Don Miguel, por dicha, no se dejaba dominar por ninguna señora; no tuvo en aquel tiempo camarillas, y sus amoríos y deportes no le impidieron seguir gobernando con acierto, gloria y fortuna.

El reino todo, en paz y en orden, prosperaba por su industria y comercio.

En un país vecino había un pueblo bárbaro, muy belicoso, entregado a la rapiña y dado aún a supersticiones gentílicas.

Hubo que hacer la guerra a dicho pueblo para acabar con sus depredaciones, y el triunfo de don Miguel fue rápido y brillante. Sometió a toda aquella gente feroz, se enseñoreó de su territorio, y redujo territorio y gente a buen régimen político y a vivir culto y decoroso.

Mucho le valieron en tan alta ocasión los frailes de Santo Domingo y de San Francisco, que empezaban ya a figurar en el mundo, compitiendo por mostrarse blandos y amorosos con amigos de la fe cristiana, y avinagrados y crudos con los que no la reconocían o renegaban de ella. Aquellos benditos padres acudieron al país recién conquistado como gorriones a la parva que desmenuzó el trillo, y en un periquete catequizaron miles y miles de semisalvajes y edificaron iglesias y monasterios suntuosos.

Por este y por otros indicios, que se irán notando más adelante, don Juan Fresco rastrea la época de esta historia y la coloca en los primeros veinte o treinta años del siglo XIII.

A par de los frailes, si bien por más profanos medios, concurrió a la civilización de las tribus conquistadas un ilustre duque, sabio en todas las artes, de la paz y de la guerra, y a quien don Miguel, después de la conquista, en que le ayudó como general, puso allí por gobernador y virrey.

La duquesa se quedó en la corte, y como era la señora más licurga, graciosa y linda que en ella había, logró detener los caprichosos revoloteos de su majestad no de otra suerte que la rosa, emperatriz de las flores, consigue que se pose, se quede como dormida entre sus frescos pétalos y se embriague con su miel y su aroma la más inconstante y alborotada mariposilla.

El rey veneraba al duque y le comparaba can Marco Aurelio, el cual, a pesar de ser tan sabio, nunca cayó en la cuenta de los extravíos de Faustina.

En alabanza de la conducta del duque en el virreinato su majestad le escribía cartas cariñosas y lisonjeras, siendo los párrafos más dulces los que inspiraba o dictaba la duquesa misma, mejor sabedora que nadie de lo que halagaba y enorgullecía a su marido.

Entiéndase, sin embargo, que el rey, si bien tenía por la duquesa constante predilección, distaba mucho de concederle un afecto exclusivo. A la duquesa no le faltaban rivales, y descollaba entre todas cierta alegre cantarina que había venido al Norte, desde Sicilia, en pos de la resplandeciente y trovadoresca comitiva de un soberano que, según don Juan Fresco, no pudo ser otro que Federico II de Suabia, emperador de Alemania.

En resolución, el rey se divertía a más no poder; pero como era amable, generoso, claro espejo de valentía y llano y alegre en su trato con los humildes, el pueblo le idolatraba, y lejos de condenar, aplaudía y reía sus travesuras. Los sujetos timoratos, aunque no podían hacer la vista gorda, porque su majestad procedía con harto poco disimulo, tenían que disculparle y pensaban con esta intención en Carlo Magno, en el santo rey David, y en otros grandes monarcas que habían pecado como él, con la diferencia de que él, en vez de matar a los Urías, los colmaba de atenciones y de beneficios.

En medio de esta vida algo escandalosa, don Miguel no lograba olvidar a Calitea. Aquellos primeros castos amores le parecían más bellos que cuantos después había tenido. La iniciación había superado para él todo el ulterior y pleno conocimiento de los misterios. La casi divina ventura que la iniciación prometía jamás se había realizado.

Don Miguel, no obstante (menester es confesarlo aunque nos sea muy simpático), empleaba, tal vez involuntariamente, las sutilezas más refinadas del egoísmo para evaporar el amor de Calitea en la alquitara de su pensamiento y reducirle a vago sueño deleitable. La superioridad con que brillaba Calitea en su memoria dependía, según él, de la luz de la aurora de la vida que en su memoria la iluminaba. Tal superioridad no debía existir en el mundo visible. Y así, para no tocar el desengaño y para que su grato sueño no se disipara, don Miguel, por amor al recuerdo de Calitea, procuraba no saber de ella, ni oírla mentar, ni volver a verla nunca. Hasta le entraba miedo a veces de que, el día menos pensado, después de transcurrir mucho tiempo, volviese él a encontrarla, por casualidad, ajada, jamona, mal vestida, casada con algún pobre diablo, y rodeada de seis o siete chiquillos poco limpios y más feos y ordinarios que su padre. ¡Cómo se desvanecerían

entonces todas las ilusiones! No; lo mejor era que, en la realidad, y para él, Calitea hubiese dejado ya de existir

XI

A pesar de tan cómodas imaginaciones y de aquellos vagos y pérfidos deseos de don Miguel, que soñaba con la desaparición real de Calitea, a fin de conservar mejor su recuerdo poético, pasaron tres años, y Calitea siguió existiendo. Calitea llegó a estar más hermosa que nunca.

La expresión de su semblante era más noble por la pasión que en él se reflejaba, y realzaban el hechizo de toda su persona la santa resignación con que sufría un amor sin esperanza, y ese mismo amor, tan firme y constante como su orgullo y no menos arraigado en el alma que el propósito de no ceder a él rebajándose.

La más viva y profunda fe religiosa era el consuelo de Calitea. Abandonar el cuidado y el aseo de su gallardo cuerpo y dejar que su espíritu se hundiese en ociosa melancolía o se consumiese en estériles quejas, hubiera sido para ella el mayor de los pecados: ingratitud para con Dios, menosprecio de los dones que de Dios había recibido, desdeñarlos y arrojarlos de sí con satánica rebeldía. Así es que ella siguió cultivando su espíritu, como si nada la atormentase, y no dejó de mirar ni un día siquiera, por la salud, agilidad, limpieza y hermosura de su cuerpo, como si fuese la víspera de su boda, como si no tuviese pleno convencimiento de que ningún mortal había de poseer aquellos tesoros. El cielo se los había confiado, y hubiera sido ofender al cielo echarlos a la basura. Si un poderoso magnate entrega a su mayordomo, para que los custodie, dijes riquísimos, un vaso de oro con esmalte u otro objeto por el estilo, ¿estará bien que el zopenco del mayordomo tire al muladar todas estas cosas para hacer gala de magnánimo y de desprendido?

Al llegar a este punto, don Juan Fresco declamaba mucho contra Luis Veuillot y contra los santurrones sucios y las beatas hidrófobas; pero yo prescindo de sus declamaciones y paso adelante.

Calitea, aunque acicalada y lindísima, esquivaba ya las fiestas y reuniones. Cesaron de perseguirla los mancebos. Sus antiguas amigas la abandonaron. Su aislamiento no podía ser mayor. Apenas salía de·su casa sino de madrugada para ir a la iglesia, y siempre con su madre.

Su crédito de bordadora subió como la espuma. Aunque trabajaba y velaba, no daba abasto a tantos pedidos. La vieja criada llevaba a su destino las obras que Calitea iba terminando. Y de esta suerte ella y doña Eduvigis vivían, si bien humildemente, con bastante desahogo.

La casa de Calitea, aunque pequeña, era alegre, bien ventilada, sana y propia: única finca que de los derroches de su padre había podido salvarse. Nada había que no estuviese ordenado y limpio en aquella casa, situada en la parte más alta de la ciudad, que, como todas o casi todas las ciudades famosas, es claro que había sido fundada sobre siete colinas.

La susodicha vieja criada era una fiera para el trabajo: condimentaba y sazonaba platos tan sabrosos que despertaban el apetito de la persona más desganada y más romántica; y aun le sobraba tiempo para emplearse en el manejo de la aljofifa, de la escoba, de los zorros y del estropajo, por manera que las cacerolas y los peroles relucían como el oro, suspendidos en la pared de la cocina; en los muebles de las alcobas y del estrado se podía cualquiera ver la cara; era una delicia contemplar sábanas, manteles, toallas y demás ropa blanca, puesto todo en dos enormes arcas, y lavado, planchado y sahumado con alhucema; y los suelos estaban tan fregados y tan bruñidos, que daban ganas de comer en ellos natillas.

A espaldas de la casa había un corralón, no menos atendido que el resto. Elevadas tapias erizadas de bardas y con honores de muros le guarecían hasta de las miradas escrutadoras de cualquier vecino. Y allí Calitea, en libre abandono, en horas de solaz y recreo, y compitiendo por su actividad con la sirvienta, lo convertía todo en ameno y diminuto jardín, salvo un rincón hacia el lado opuesto a la casa, donde en recinto capaz, que un encañizado formaba, se veían gallinero y palomar encima, y no pocos palomos, gallinas y pollos.

Podían regarse las plantas y las flores de aquel jardín con el agua dulce de un pozo que en su centro se parecía. En lo hondo del pozo, que era en verdad muy hondo, sonaba de continuo el agua. Era un arroyo caudaloso, era casi un riachuelo que bajaba por allí despeñado, y cuya corriente cobraba mayor caudal, rapidez y frescura en el estío, por el tributo del hielo que se derretía en muy cercanas y encumbradas montañas.

Como se ve, el retiro de Calitea no era penitente, ni había necesidad de ello. La penitencia en Calitea hubiera sido curarse en salud, y lo contrario de miel sobre hojuelas. Hartas penas tenía ella en el alma.

Su vida era solitaria y triste, aunque muy apacible.

Ni don Hermodoro, el más terco de sus perseguidores, acudía ya a visitarla. Con la sospecha de haber incurrido en un conato frustrado de crimen de lesa majestad, andaba don Hermodoro aterrado y huido, y nada quería ya saber, ver ni oír de Calitea. Al tuno del secretario, que fue su seductor y su cómplice, le había enviado de comisionista a países remotos, a fin de quitarle de su presencia, sin hacer de él un enemigo.

Doña Eduvigis y don Prudencio habían intervenido en el asunto del aderezo de perlas y diamantes, y se admiraban y enorgullecían del desinterés y de la virtud de Calitea; pero callaban todo lo ocurrido, porque ella así lo exigía a su madre por cuanto hay de más sagrado en el mundo, y por el sigilo de confesión al presbítero.

No bastó tanto misterio a evitar que se entreviesen un poco y cundiesen por el barrio ciertos asomos del sublime desdén de Calitea, lo cual, y la conducta ejemplarísima que observó ella desde la noche del alboroto, le conquistaron la consideración y el respeto de las gentes, aunque apenas de vista la conocían, pues no se trataba con nadie.

Solo don Prudencio, confesor de ella y de su madre, les hacía frecuentes visitas. Era este señor un carcamal de cortos alcances, tan lleno de preocupaciones como de virtudes. Doña Eduvigis le escuchaba y le obedecía como a infalible oráculo; pero Calitea confiaba poco en su saber y no atendía sus consejos, aunque le veneraba.

La rígida soberbia, tomando por disfraz la humildad y armándose de las virtudes mismas que en don Prudencio brillaban, hacía odioso a don Prudencio, porque le despojaba de todo indulgente amor al prójimo, cuyos pecados y vicios se complacía él en exagerar y en fustigar ásperamente.

A menudo decía:

—No hay que enojarse; voy a hablar con libertad cristiana.

Y todo el que oía este preámbulo tenía que precaverse como se precavían, no hace muchos años, los que oían decir en una ventana: «¡Agua va!», al pasar por las calles de varias ciudades en que no había aún alcantarillas.

Con la mejor intención, con el fin recto y sano de corregir a los pecadores y de mejorar las costumbres, don Prudencio lanzaba por aquella boca sapos y culebras, mil suciedades y mil venenos.

Harto sabía él que Calitea amaba e idolatraba al rey; pero no discurrió nada tan a propósito para curarla de aquella pasión sin ventura como referir escandalizado todos los lances amorosos de su majestad, hiriendo y martirizando el pobre corazón de la muchacha con el aguijón de los celos.

Otras veces, en aquellos íntimos coloquios, prevalido de lo que él llamaba libertad cristiana, en la que se atrevía Calitea a sospechar que entrase por algo la mala educación, don Prudencio denigraba las travesuras juveniles del rey, abominaba de su relajación y desenfreno y le calificaba de pillete y de casquivano, pronosticando que todos sus súbditos acabarían por odiarle o por despreciarle, en apoyo de lo cual citaba en latín sentencias de la Escritura, como por ejemplo: Simia in tecto rex stultus in solio suo (un rey necio en su trono es una mona en un tejado).

Calitea perdía entonces la paciencia y se revolvía furiosa contra e1 detractor de su ídolo. ¡Cuán bella estaba en aquellos momentos! Parecía de mayor estatura al erguir la cabeza, y puesta de pie: el rubor encendía la tersa tez de su rostro; sus grandes y negros ojos centelleaban; se le veían mejor, al hablar, la nacarada blancura de los dientes y la fresca lozanía y gracioso movimiento de los labios; y la emoción entusiasta agitaba las airosas curvas de su firme pecho. Su voz temblorosa, pero vibrante y argentina, resonaba elocuentemente en defensa y alabanza de su dulce amigo. Ella refería sus hazañas; hablaba de su prudencia y valor en los combates y de su bondadosa templanza en la victoria; contaba los asilos y las escuelas que había fundado, los caminos que había abierto y los templos y monumentos que había erigido; describía las naciones bárbaras que había domado y la mudanza dichosa que obró en ellas la cultura, y encarecía, por último, la sencillez, la llaneza y la inagotable generosidad con que el rey socorría a los menesterosos sin humillarlos, y la esplendidez con que enriquecía y honraba a los sabios, a los trovadores y a los artistas.

—¡Dios mío! ¡Dios mío! —exclamaba aquí don Juan Fresco, interrumpiendo la narración—. ¿Quién no se alegraría de ser rey, y sobre todo de ser buen rey, para ser celebrado y adorado así por una súbdita tan guapa? ¡Ah, nunca, nunca —añadía luego citando a uno de nuestros mejores poetas:

> Tan sublime modelo
> de estro feliz, de inspiración divina,
> mostró Casandra en los dardanios muros
> ni en las lides olímpicas Corina!

XII

Las moralidades feroces en que don Prudencio solía desatarse contra el padre de Calitea, causaban a su hija mayor enojo aún, porque veneraba y amaba la memoria de su padre, aunque no le había conocido; porque era harto más difícil defenderle, y porque doña Eduvigis, acaso por admiración condescendiente hacia el clérigo, se convertía en eco de cuanto el clérigo afirmaba. A pesar del acendrado amor al marido, por quien suspiraba al cabo de los veinte y pico de años de haberle enterrado, y a quien llamaba a todas horas mi queridísimo Adolfo, la bendita señora, sin poderse refrenar, acompañaba siempre a don Prudencio y entonaba con él a dúo un piadoso responso de vituperios y anatemas contra el difunto.

Menester es confesar que, si en esto, prescindiendo de la fe ciega en el director espiritual, cabe alguna disculpa, doña Eduvigis la tenía. Su queridísimo Adolfo le había hecho poco caso; le había sido infiel con frecuencia; se había casado con ella por casarse; jamás le había confiado sus pesares, sus planes ni sus secretos, si los tuvo; jamás había realizado con ella la santa comunicación y la estrechísima unión de las almas, que hacen verdaderamente sacramental el matrimonio; y, por último, había consumido en vicios y en extravagancias casi todo el dote que aportó ella y los bienes que él tenía.

Don Adolfo, no obstante, a quien hablando en castellano me parece que debemos llamar Don, era la bondad misma; cautivaba las voluntades con su afabilidad y dulzura, y competía por lo valiente con el Cid, por lo leal con un perro y por lo generoso con el Magno Alejandro. Sus defectos no eran defectos, sino sobras: sobra de alegría, sobra de afición inteligente hacia todo lo hermoso y deleitable y sobra de confianza en la misericordia del cielo. De todo lo cual resultaba un sujeto extraviado y manirroto, lo que llaman vulgarmente un perdido, pero de gran ser y sumamente simpático. Varias veces había adquirido mucho dinero, mas enseguida le gastaba con rumbo de gran señor en conquistas, en limosnas, en obsequiar a sus amigos y conocidos y en divertirse y holgarse. Su situación crónica y ordinaria era, pues, estar a la cuarta pregunta.

En aquella edad, ya por alguna hazaña memorable, ya por la empresa que se ponía en el escudo, ya por calidad o virtud en que sobresaliesen, los caballeros tomaban apellido o título significativo y sonoro. Y así como hubo el caballero del Cisne, el del Lago, el del Águila rapante, el del Penacho de oro, el de la Ardiente espada y el del Brazo de hierro, a don Adolfo le llamaron el caballero de la Bolsa vacía; título que él aceptó como justo y gracioso, aunque ya le tenía un trovador contemporáneo suyo; pero ¿en qué siglo y en qué reino o república no ha habido caballeros y trovadores que le merezcan?

Para la mejor comprensión de esta historia, aunque verdadera algo confusa y desfigurada por el indocto vulgo, conviene poner aquí en resumen, si bien con las aclaraciones e interpretaciones de don Juan Fresco, algo de lo que Calitea pudo sacar en claro de la vida de su padre, oyendo lo que decían doña Eduvigis y don Prudencio.

Según parece, en aquella misma sangrienta batalla en que el famoso Saladino venció e hizo prisionero a Guy de Lusignan, se vio tan cercado de infieles el caballero de la Bolsa vacía, que, después de pelear como acosado león, cayó mal herido y tuvo que rendirse.

Cautivo ya, le llevaron a Damasco; y como el mar olor de la pobreza penetra y ofende las narices más tabicadas, los muslimes que le habían cautivado olieron pronto que nadie daría un ardite por su rescate, y le vendieron a un mercader parsi o güebro, devotísimo de Zoroastro, y que comerciaba en sedas, perfumes, especierías y piedras preciosas. Don Adolfo, que, según hemos dicho, poseía el don de gentes, se ganó a escape el aprecio y el cariño del mercader, tuvo vara alta en su casa y le acompañó en sus viajes. Ambos, embarcándose en una nave que zarpó de Ormuz, transpusieron a la India oriental y visitaron sus más antiguas y magníficas ciudades.

No es del caso referir aquí los inauditos sucesos, los lances de amor y fortuna y las interesantes impresiones de don Adolfo en aquellas regiones de la aurora, casi dominadas entonces por los Guridas, que habían suplantado a los indignos y débiles sucesores de Mahamud de Gasna.

Bástenos saber que don Adolfo se hizo por allí grande amigo de un sujeto muy importante que era ya amigo de su amo. Su buen humor, su despejo y sus chistes cayeron tan en gracia a aquel señor indio, que continuamente quería tener a don Adolfo en su compañía; y como ya era anciano y sin hijos, se dio a querer a don Adolfo como se quiere un padre.

Y fue lo más singular que este señor no era un cualquiera, sino uno de los más prodigiosos sabios y magos que ha habido en Oriente. Gustaba mucho de los cristianos, cifrando su mayor gloria en descender del más ilustre de los tres reyes magos que vinieron al portal de Belén. Él se jactaba de ser el cuadragésimo nieto del que nosotros llamamos Melchor, aunque en la India tenía otro nombre. Lo que es yo ni afirmo ni niego esta descendencia; pero no me explico por qué se enfurecía tanto don Prudencio cuando de ella se hablaba. Los reyes magos fueron personas de carne y hueso; y como no consta que hiciesen voto de castidad, bien pudieron dejar sucesión que hasta el siglo XIII se perpetuase.

Como quiera que ello sea, este sabio sobresalía de tal suerte en su ciencia intuitiva, tan superior a las groseras ciencias experimentales de que hoy en Europa nos envanecemos, y era tan hábil en las artes taumatúrgicas que las dos profetisas Elena Blavatsky y Ana Besant, el coronel Olcott, el doctor Francisco Hartmann y otros teósofos han puesto últimamente en moda por acá y en América, que nadie le daba otro nombre que el altamente honorífico y repleto de significado de Criyasacti, o, como si dijéramos, el poder creador por quien los conceptos más atrevidos que nacen en lo profundo del espíritu salen fuera de él y aparecen en el mundo visible con figura, consistencia, movimiento y vida.

A fin de hacerse cargo de lo que es este poder y calcular su extensión, es indispensable entender que, en grado infinitamente superior, y con acción no lenta y metódica, sino casi instantánea, se parece algo al poder que ejerce un hombre docto en química, mecánica y otras ciencias europeas, cuando somete a su voluntad, aunque de un modo burdo y trabajoso, algunas energías de la naturaleza. Pero ¿qué valen sus potingues, aparatos, y maquinarias en comparación de lo que estos magos de Oriente inventan y producen? Más adecuado símil será decir que tales invenciones y producciones o creaciones son como las del poeta y las del artista, si bien con la notabilísima diferencia de que las del mago tienen realidad y verdad, y las poéticas y artísticas solo son remedo de la verdad: verosímiles, o digamos de mentirijilla.

Para llegar a saber y a hacer lo que sabía y hacía Criyasacti, habría sido indispensable abismarse en la profundidad de los más recónditos estudios y tener una vida inmaculada y austera; pero no se oponía esto a que Criyasacti, en vez de ser tieso y adusto, fuese facilitón y campechano, muy aficionado a reír y más alegre que unas sonajas. Nada le agradaba tanto como las chuscadas y las burlas, con tal de que pudiese sacarse de ellas alguna provechosa enseñanza y no redundasen en perjuicio de tercero.

Y no hay que extrañar esta inclinación de Criyasacti, ya que hasta los santos han sido a menudo alegres y chistosos. ¿Y por qué han de estar en oposición la santidad y la alegría? ¿Por qué no ha de tener gracia quien está en gracia de Dios? Quédese la tristeza para el delincuente, para el envidioso y para el tramposo; y el que no tiene remordimientos, ni envidias, ni ambiciones, ni deudas, sea todo regocijo. ¡Cuán lindamente expone todo esto el padre Boneta en el sabroso libro que dio a la estampa sobre la virtud de la eutrapelia y las sales, chistes y agudezas de los santos!

En fin, Criyasacti era chusco, pero benéfico; era un encantador de buena índole y muy regocijado.

Merced a este regocijo, a la serenidad de espíritu que los filósofos llaman ataraxia, a una vida casta y muy ordenada y a la dieta o alimentación de solo vegetales, huevos y leche, Criyasacti, en vez de malograrse, alcanzó la avanzadísima edad de ciento veinte años y algunos meses. Pero como en este mundo no hay nadie a quien no le llegue su hora, llegó al cabo la del último vástago de la dinastía mediatizada de los Melchores, y sin dejar sucesión expiró tan suavemente como había vivido, entre los brazos de su amigo don Adolfo, a quien instituyó universal heredero de sus bienes, salvo los libros, que don Adolfo no hubiera podido entender, y las baratijas y chirimbolos de magia, que no hubiera sabido manejar, todo lo cual fue recogido por la congregación de magos, de la que era Criyasacti gloria y orgullo.

Viéndose don Adolfo huérfano y rico, se hartó de estar en la India y se volvió a Damasco con el mercader güebro, de quien no era ya esclavo, sino socio. En Damasco tuvo grandísimo deseo de volver a tierra de cristianos; arregló sus asuntos de aparcería con su socio el mercader, se despidió de él con lágrimas y muy cariñosos abrazos, y se vino a Europa.

Primero en la gran ciudad de Constantino, y después en Sicilia y en Italia, ora en Mesina, ora en Palermo, ora en Nápoles y ora en Roma, Florencia, Milán y Venecia, vivió don Adolfo con tanto boato y tan a lo príncipe, que pronto devoró casi toda la hacienda que Criyasacti le había dejado y volvió a ser el caballero de la Bolsa vacía.

Entonces fue cuando, algo compungido, buscó refugio en su patria; se propuso recogerse a buen vivir, aunque no lo cumplió, como ya sabemos, y se casó con doña Eduvigis.

Tales, en compendio, son las noticias que Calitea pudo recoger de su madre y de don Prudencio. Para ello tuvo que descartar no pocas fábulas calumniosas que don Prudencio forjaba sin querer, arrastrado por sus preocupaciones y por el odio que profesaba a Criyasacti sin haberle visto.

En vez de suponerle nieto cuadragésimo del rey mago Melchor, sostenía que era, como Merlín, hijo del diablo.

—¿Quién sabe —decía a veces— si no descendería Criyasacti del propio Merlín, el cual me consta que estuvo en la India perfeccionándose o, mejor diré, endemoniándose más en sus artes y fabricando aquel gigante monstruoso llamado Gargantúa? Merlín era más enamorado que un mico, como se ve de sus amores con Viviana, quien, a despecho del infernal poder del encantador, le tuvo encerrado en la Floresta de Brocelianda, donde el caballero Galbán le halló hecho un gurrumino. Lo probable es, pues, que Merlín dejase bastardos en la India, en el mucho tiempo que allí estuvo.

Contra estas atrevidas suposiciones, fundadas en historias o consejas disparatadísimas que corrían entonces por toda Europa, nada replicaba Calitea; pero se apesadumbraba en extremo del constante empeño del clérigo en injuriar la memoria del amigo y espléndido bienhechor de su padre, y en ocasiones contradecía a don Prudencio para defender al mago indio.

Así, por ejemplo, cuando don Prudencio aseguraba, como si lo viese, que Criyasacti estaba ardiendo en vivas llamas allá en los quintos infiernos, Calitea sostenía que Dios no podía haber condenado a una persona tan buena, la cual, si bien ella no creía que estuviese en el cielo, no era temerario, sino piadoso, entender que se encontraba en unos a modo de Campos Elíseos, no lejos de la mansión de los precitos, pero donde la vida de ultratumba se pasa muy a gusto y con bastante regalo, en compañía de Aristóteles, Platón, Virgilio, Averroes, el propio Saladino y otros varones preclaros y virtuosos, que, por más que no conociesen o no aceptasen la ley de Moisés ni la ley de Gracia, vivieron con honestidad y decencia, según la ley de la revelación primitiva y según los preceptos y orden de Melquisedec.

Sosteniendo, además, que había magia blanca, Calitea defendía a Criyasacti de las tremebundas acusaciones de don Prudencio, quien afirmaba que no había sino magia negra, obra del diablo; de suerte que en lo único en que aprobaba la conducta de don Adolfo era en no haberse dejado seducir y en no haber aprendido palotada de aquella ciencia maldita, sin duda por no querer untarse, ni volar al aquelarre, ni comer niño crudo, ni firmar con su sangre un execrable pacto con Lucifer.

XIII

Por fortuna, vivía a la sazón en aquella ciudad cierto personaje que, a pesar de la oposición de don Prudencio, y de doña Eduvigis, visitaba con frecuencia a Calitea y le daba más favorables informes y mejores noticias de su padre y de los amigos de su padre.

Era este personaje un anciano médico y filósofo griego llamado el doctor Teódulo, que había venido a establecerse allí, emigrando de Constantinopla cuando los latinos se apoderaron de aquella ciudad y destronaron al emperador Ducas Murzuflo.

Don Adolfo, por recomendación de Criyasacti, que había estado en correspondencia científica con el doctor Teódulo, conoció y trató a este sabio, e intimó con él desde que estuvo en Constantinopla, de vuelta de Damasco.

Ya en la ciudad donde se realizan los casos que relatamos, habiendo hallado don Adolfo a su antiguo amigo, la amistad de ambos se hizo más íntima.

Duró la amistad hasta la muerte violenta que dieron a don Adolfo aquellos desalmados fulleros; pero antes había él confiado al doctor cuanto podía confiarle. Criyasacti le había vaticinado que tendría una hija hermosísima, y él, no dudó nunca de que la tendría; y como recelase, según la mala vida que llevaba, que podría acabar en mala muerte, encomendó al doctor Teódulo que si él moría entregase a su hija cierto presente, que al efecto puso en su poder, y que, según las instrucciones de Criyasacti, no había, de recibir la niña hasta el día mismo en que cumpliese veintitrés años.

Llegó al fin dicho día, que era el del solsticio de estío, y el doctor Teódulo, que había solicitado y obtenido de Calitea cita para una larga conferencia a solas, acudió a visitarla cuando estaba el Sol en el meridiano, que fue el momento en que ella nació, y antes de enseñarle y de entregarle lo que traía para ella en una cajita, que vendría a tener una tercia de largo, le echó el discurso que procuraremos con toda fidelidad reproducir aquí.

—En esta ocasión solemne —dijo el doctor— en que vas, ¡oh gentil Calitea!, a recibir y a guardar un objeto que, por medio de tu padre, el propio Criyasacti te regala, es menester que yo te diga algo de Criyasacti y disipe los escrúpulos que las habladurías de don Prudencio pueden haberte inspirado. Criyasacti fue un mago profundísimo, el más profundo y portentoso que durante muchos siglos se ha conocido; pero fue mago blanco y natural, y jamás tuvo trato con el diablo. No es de extrañar que se haya lanzado tan ridícula calumnia contra él, que al fin era pagano, cuando entre católicos han sido acusados de lo mismo varones tan católicos y piadosos como Gerbert, que fue papa bajo el nombre de Silvestre II, y cuando hoy acusan a un frailecito de San Francisco, inglés de nación, al hermano Rogerio, que empieza a aturdir a todas las gentes con lo mucho que sabe, averigua y descubre. Prescindamos de esto; y con la intención de que penetres el verdadero sentido de las cosas, sin gastar yo saliva y tiempo en dibujos, y fiándome, como me fío, en la rapidez de tus entendederas, que todo lo cogen al vuelo, te explicaré concisamente lo que es magia legítima, y la distinguiré de lo que el vulgo confunde con ella, y que nosotros debemos llamar, ora magia falsa y heterodoxa, ora magia soez y villana. Esta última es la sola diabólica: las otras dos merecen calificarse: la una de divina y la otra de seudodivina.

Hablaré primero de la magia diabólica, o dígase brujería.

La brujería es de tres clases. La más vil, aunque también la más disculpable, si cupiese en ello disculpa, es la que nace de la ignorancia, de la miseria y de los padecimientos de la plebe. La asiduidad y dureza del trabajo, la falta de abrigo contra el rigor y las inclemencias de las estaciones, el hambre, la abyección y los malos tratamientos suelen engendrar nefandos odios contra el Creador y contra sus obras, y mover a muchas personas a que por desesperación se den al diablo. Estas personas constituyen la mayoría de los brujos y de las brujas; y ya con realidad, que no he de discutir aquí, ya por extravío delirante, ya en visiones y sueños producidos por infames linimentos y bebedizos, ven y hablan al diablo, acuden a sus saraos y tertulias, bailan con él, oyen sus misas, entonan sus letanías, celebran ritos asquerosos para adularle y le consultan las bellaquerías, delitos y liviandades que quieren cometer y que cometen.

Espero que el señor don Prudencio me hará el favor de creer que Criyasacti no era brujo de esta clase.

Calitea sonrió moviendo la cabeza, y el doctor Teódulo prosiguió:

—Brujo de otra clase, y los peores, en mi sentir, son los que, valiéndose de la destreza, de la fuerza, de los secretos científicos o de las artimañas que poseen, encantan y seducen a los tontos, mienten, estafan, medran y triunfan a costa de ellos, y aun a costa de los avisados, y solo miran al provecho propio. Estos ayudan a Satanás y Satanás los ayuda; aunque no le ven jamás, están obsesos por él; y aunque no le hayan firmado pacto alguno, tienen con él pacto implícito. No seré yo, por último, quien niegue que ha habido, hay y habrá letrados y doctores de voluntad débil, perversa o inclinada al pecado, que, a impulsos de la codicia, de la ambición, de la sed de deleites o del deseo de ser amados de alguna mujer, firman un contrato con el demonio y le venden el alma. Después que estos tales se divierten y consiguen cuanto se les antoja, suelen arrepentirse y encomendarse a Dios o a algunos santos, y acaban por salvarse, a pesar del contrato, dejando al diablo, que les ha servido de paje, espolique y tercero, burlado y con un palmo de narices. El célebre Teófilo, cuya historia está escrita en todos los idiomas, y sobre el cual compuso una comedia cierta monja alemana, es hasta hoy el más notable ejemplo de esta travesura; ejemplo que yo considero nocivo, porque es feo faltar a lo pactado, aunque se pacte con el demonio, y porque envalentona a los pícaros a pactar con él, para engañarle y chasquearle, cuando pueden ser ellos los que se lleven chasco.

Abandonemos ya estas impurezas y hablemos de la magia blanca, limpia y legítima.

Hay una beldad soberana que lo hermosea todo, una luz que todo lo ilumina, una voluntad que todo lo mueve y una esencia inteligente que todo lo llena, que todo lo penetra y que todo lo ordena y dirige. No hay hombre que, por mucho que estudie y sepa, atine a comprender sino muy vagamente a este Ser infinito. Debemos contentarnos con formar de Él el incompletísimo concepto que cabe en nuestras almas, dando a este concepto cuantas buenas cualidades podemos concebir en nosotros, elevándolas luego a la infinita potencia. Nuestras almas, no obstante, son nobilísimas, como hechas a imagen y semejanza de Dios, y allí, en el abismo de ellas, si penetramos bien con el pensamiento, abstraído en todas las cosas exteriores, está Dios tan cerca de nosotros, que llegamos inmediatamente a Él. Estame atenta, hija mía, porque lo difícil de entender estriba en esto, y yo no quisiera inducirte en error.

—Te escucho con la mayor atención —dijo Calitea.

Y prosiguió el doctor Teódulo:

—Ya comprenderás que para lograr la ventura durante nuestra vida mortal, de columbrar a Dios en el abismo del alma y aun de unirse con Él de un modo inefable, no bastan nuestras pobres facultades humanas. Es menester el auxilio del Topoderoso, su gracia, y, por nuestra parte, la fe y la caridad más puras. Tan alta unión se alcanza solo por milagro. La ciencia que trata de esto se llama la mística, y en nuestra edad ha enviado el cielo a la tierra un pasmoso y seráfico doctor, que lleva el nombre simbólico de Buenaventura, y que entiende y lee en esa ciencia como nadie. Para llegar a Dios así, no se llega por el saber, sino por el amor; no es natural, sino sobrenatural, el camino. Criyasacti jamás tuvo la arrogancia impía y abominable de confundir su magia con la mística. Su magia nada tuvo de sobrenatural. Fue natural toda ella. Con una vida virtuosa y recogida, con la intro inspección y estudio del alma propia y con el posible conocimiento de sí mismo, ahondó hasta donde humanamente puede ahondar nuestro entendimiento limitado, y vio en aquella luz, que está en el ápice de la mente y que ilumina a todo hombre que se esfuerza por verla, no solo los primeros principios, los axiomas y ciertas verdades absolutas que la razón universal o el entendimiento agente pone como prólogo de su libro divino, sino también muchos capítulos de ese libro, cerrado y sellado con siete sellos para la generalidad de los hombres, que se emplean en intereses y deleites vulgares o que viven en la admiración somera de lo material y visible. Con este saber, incomparablemente superior al de los empíricos que hubo y que habrá en lo venidero, Criyasacti vio la conformidad de cuanto en los seres exteriores perciben los sentidos con lo que son ellos en sí, y aunque nunca entendió lo que es la sustancia de ellos, no la convirtió en Dios ni la convirtió en ilusión y fantasmagoría, sino que descubrió varias de las cualidades y muchas de las leyes que ordenan y enderezan estos seres al fin y al propósito bendito con que Dios los crió. No se infiere de esto que tuviese Criyasacti el don de profecía; pero sí tuvo previsión racional de multitud de sucesos con no menos claridad y certidumbre que aquellas con que un buen astrólogo pronostica los eclipses o la aparente situación que tendrán las estrellas del cielo dentro de unos cuantos siglos, en tal día y a tal hora. No por eso se ensoberbecía Criyasacti, ni incurrió jamás en la espantosa locura de negar a Dios o de negarle la conciencia para adjudicarse él lo divino y consciente, ni de hacer del Universo un sueño vano para que el todo sea el Único, y venga el Único a parecerse a la nada. Jamás aceptó mi excelente amigo esos absurdos sistemas de otros sabios de la India, que tuvieron tanto éxito en Alejandría, con Anmonio Sacas, Plotino, Jámblico y Proclo, y que, según él preveía, habrán de ponerse muy de moda entre los pueblos cristianos y europeos allá hacia el siglo XX de nuestra era.

En suma, y para no cansarnos más, el doctor Teódulo demostró a Calitea, que le oía con recogimiento y que le entendía muy bien, que Criyasacti había sido un mago natural, juicioso, creyente en Dios, aunque pagano, y enemigo del diablo, a quien echaba la zancadilla en punto a saber y hasta a producir cosas que tenían traza de prodigio, por lo ingeniosas y nada de comunes que eran.

Después de esto abrió la cajita, sacó lo que había dentro y se lo enseñó a Calitea.

Era una pequeña estatua, figura de mujer o muñequita, al parecer de barro pintado, y de una tercia de altura. Su cara era bastante linda y su traje oriental y rozagante. En la mano derecha tenía una trompetilla de metal, y en torno de las sienes unas ínfulas, también metálicas. En la trompetilla había un letrero, en letras indias, que decía, según el doctor tradujo: La Buena Fama; y en las ínfulas, otros dos letreros más largos, que, interpretados por el doctor, rezaban: Quien me tiene, aunque me pierda me tiene, y quien me pierde no me tiene aunque me tenga.

—Ya te harás cargo —dijo el doctor— que a tu padre, que no tenía buena fama a causa de sus calaveradas, y a pesar de lo bueno que era, de nada podía valerle esta muñequita, que estaba destinada para ti.

—Es muy mona —dijo Calitea—; pero, ¿sabes tú de qué puede valerme?

—Yo lo ignoro, y tu padre también lo ignoraba. Es un secreto que nunca quiso revelar Criyasacti y que solo vendrá a saberse el día en que su plan se realice.

—Luego hay un plan ligado con la existencia de esta muñequita.

—Sin duda que le hay, por más que nadie atine a adivinar cuál sea. Ello dirá, andando el tiempo. Refrenemos nuestra curiosidad por ahora.

—¿Y qué tiene por ahora de extraordinario esta muñequita? —preguntó Calitea.

—A la simple vista —respondió el doctor— es como todas las otras; pero yo sé que hay en ella varias propiedades singularísimas. Esta muñequita, hija mía, no se puede romper, ni quemar, ni abollar, ni destruir hasta que su misión se cumpla. El encanto que puso en ella Criyasacti, con la fuerza de su voluntad, es superior a todas las fuerzas mecánicas, físicas y químicas de que puede disponer el hombre en nuestros días. El mandato imperativo que ha legado en ella Criyasacti la hace inquebrantable, invulnerable, inconfundible, incombustible e indestructible. Contra la póstuma sugestión criyasáctica nada pueden puñales, martillos, prensas, líquidos corrosivos, hogueras y fraguas con soplete. La muñequita está sugestionada, y mientras no haga lo que la sugestión le prescribe, ni el diablo mismo puede acabar con ella.

XIV

Por ser recuerdo de su padre y regalo de la persona tan distinguida que le favoreció y protegió, y asimismo porque la muñequita era primorosa en comparación de las que entonces se fabricaban, Calitea le tomó mucho cariño y la colocó sobre el bufetillo que tenía en su alcoba. En los ratos de ocio se deleitaba en contemplarla, esperando tal vez que de pronto descubriese alguna habilidad o hiciese alguna gracia. Pero en balde: la muñequita no tenía cuerda ni mecanismo interior; era inerte y muda, y no sabía cerrar y abrir los ojos, ni decía papá y mamá, como las muñecas de ahora. Calitea no dejaba de reconocer esta sosería, pero estaba prendadísima de la muñeca.

Su extraño aspecto y el venir de las manos del doctor Teódulo dieron muy mala espina a doña Eduvigis, no bien se informó de todo. Viendo, además, lo que gustaba Calitea de la tal muñeca y lo mucho que la miraba, doña Eduvigis se alarmó doblemente y no tardó en contar cuanto sabía sobre el caso a su confesor don Prudencio.

Éste se puso las manos en la cabeza lleno de terror.

—Es lástima —decía— que una niña tan santita, tan honrada y tan virtuosa se exponga a perder su alma por tratarse con herejes, con brujos y con griegos, que casi es peor. Los griegos son embusteros y traidores. Timeo danaos et dona ferentes, lo cual significa que nadie debe fiarse de los griegos ni aceptar sus regalos. Ese doctor Teódulo debe de ser tan pérfido como Sinón; y, no lo dudes, así como en el caballo de Troya estaban encerrados Pirro, Ulises y otros crueles guerreros que causaron el incendio y la ruina de aquella famosa ciudad, en esa muñequita hay encerrada una legión de demonios.

—¡Ave María Purísima! —dijo doña Eduvigis, santiguándose y muy asustada.

—No te asustes, noble amiga —repuso don Prudencio—. Yo exorcisaré la muñequita endemoniada y le sacaré del cuerpo los malos.

Después se puso a reflexionar; se dio una palmada en la frente, e hizo esta pregunta:

—Pero ¿no me dijiste que la muñequita es obra del mago Criyasacti?

—Sí que lo dije.

—Pues entonces mis exorcismos no bastan. La muñequita no es solo hormiguero de diablos sino amasijo de abominaciones y quinta esencia de los siete pecados mortales. ¡Delenda est Carthago! ¡Anatema! ¡Anatema! Es indispensable destruir la muñequita, romperla, arrojarla al fuego, achicharrarla y aniquilarla.

Poco tardó doña Eduvigis en convencerse de necesidad tan clara y tan urgente.

—Seamos —decía a don Prudencio— los destructores de este ídolo, de esta imagen de una falsa divinidad indiana que se nos ha metido en casa de rondón. Pero importa hacerlo sin que se entere Calitea, que no lo consentiría.

—Llámame —dijo él— cuando Calitea esté dormida. Yo vivo muy cerca; vendré volando, y exterminaremos la muñeca.

Aquello fue una muy sigilosa conspiración, en la que fácilmente pudo conseguirse que la cocinera también entrase.

Concertado todo, ocurrió, a los dos o tres días, que la pobre Calitea se quedase velando hasta el amanecer para acabar de bordar una magnífica dalmática que le habían encomendado con mucha prisa.

Como cayó en la cama rendida de cansancio, su dormir era profundísimo y prometía durar hasta las diez o las once de la mañana.

A las siete acudió don Prudencio, llamado por la cocinera.

Sin pérdida de tiempo, provista doña Eduvigis de una vela encendida para ver sin abrir la ventana; armada la cocinera de las tenazas y el clérigo escudado por el breviario, los tres conspiradores entraron en silencio y de puntillas en la alcoba de Calitea. Alumbró doña Eduvigis el lugar del bufetillo en que estaba la muñeca; la cocinera cogió la muñeca con las tenazas, desplegando la agilidad y prontitud que tenía para coger ratones, y, hecho esto, se salieron todos de la alcoba, sin despertar a la joven, cerrando la puerta sin ruido y llevándose la muñeca a la cocina.

Allí, la cocinera, que era robusta, empuñó la maja del almirez y descargó sobre la muñeca golpes furibundos; pero, ¡oh maravilla!, la muñeca no se quebró, ni se deformó, ni se abolló siquiera.

—¡El cuchillo! ¡Emplea el cuchillo! —gritó don Prudencio, que se había quedado lejos, por lo que pudiera ocurrir, y diciendo para su capote—: *qui amat periculum in illo perit.*

Tomó la cocinera el cuchillo, asestó con todas sus fuerzas una puñalada al corazón de la muñeca, y la hoja de acero saltó como vidrio, quedando incólume aquel enorme átomo, creación estupenda de Criyasacti.

—¡El hacha! ¡El hacha de cortar leña! —exclamó doña Eduvigis, dominada ya por el furor de tan descomunal combate.

La cocinera, no menos furiosa, agarró el hacha con ambas manos y sacudió un diluvio de hachazos sobre la muñequita, que yacía por el suelo, inerte, sufrida y callada. Lo único que se logró fue que el filo del hacha se mellase y que el mango se hiciese astillas.

Aquella pasiva y estoica resistencia, aquella virtud conservadora, depositada allí por la prepotente voluntad de Criyasacti, infundió mayor asombro en los que anhelaban destruir la muñeca que si hubiera salido de su seno una tempestad de truenos y de relámpagos.

A la cocinera, que aun tenía el cabello negro como la endrina, empezaron de súbito a salirle canas; las pocas que alrededor de la calva le quedaban a don Prudencio, se le pusieron tan tiesas que parecían las púas de un erizo; y doña Eduvigis daba diente con diente, tiritaba con el frío de la calentura y temblaba como si viniese de las minas del azogue. La cocinera, sin embargo, tenía mucho denuedo y estaba ansiosa de vencer.

Trajo, pues, un trozo gordo de encina, multitud de palitroques y un manojo grande de secos sarmientos, los echó en la chimenea y avivó y fomentó el fuego. La leña chisporroteaba y crujía, levantando llamas como colosales serpientes.

Volvió entonces aquella heroína a coger la muñeca con las tenazas y la plantó en el centro de las llamas.

Pocos minutos después, las llamas expelieron la muñeca lejos y con violencia tamaña que la hicieron caer sobre la cabeza de don Prudencio, quien se desmayó pusilánime. Por dicha, la cocinera, que no perdió la sangre fría, acordándose de que había nacido en Viernes Santo, y de la virtud terapéutica que, según creencia popular inveterada, tiene toda mujer que nace dicho día en el zapato del pie izquierdo, se quitó el suyo y le aplicó en las narices al paciente. Apenas éste le olió cuando se recobró del síncope.

La muñeca no le había hecho más daño que un chichón muy pequeño. La muñeca continuaba inofensiva; pero había salido del fuego entera y sana como antes. En lugar de tener tizne, relucía con mayor limpieza.

Pasado este breve incidente, los tres conspiradores, inspirados por idéntica idea, dijeron a la vez:

—¡Echémonos al pozo!

No era riachuelo el que corría entonces por su fondo; era impetuoso torrente, formado por las nieves que en las próximas montañas se derretían.

La intrépida cocinera llevó, pues, al pozo la muñeca, y sin compasión la arrojó en él.

Doña Eduvigis y don Prudencio, reanimados ya, inclinándose sobre el ancho brocal y con los espejuelos calados, fueron testigos oculares y pudieron dar fe de que la muñeca cayó en el agua y fue arrebatada por la rapidísima corriente.

Doña Eduvigis dijo:

—De seguro que no para ya hasta la mar.

—Hasta el Averno has de decir —enmendó don Prudencio—, porque de allí ha salido y porque (según sentencia, no tengo bien ahora en mi perturbada memoria si del profano o del apóstol) facilis est descensus Averni.

XV

La pérdida de la muñequita dio ocasión a Calitea para acreditarse más que nunca de prudente, discreta y sufrida. Conoció que toda la culpa era suya, por no haber puesto a buen recaudo a la muñequita, encerrándola bajo llave, y no se quejo ni se enojó contra persona alguna. Doña Eduvigis y don Prudencio trataron de hacerle creer que como la muñequita era, cosa de hechicería o de magia, el diablo había venido por ella y se la había llevado. Calitea aparentó creerlo para no disputar; pero harto comprendió que los raptores habían sido el clérigo y su madre. La sana intención con que ambos habían procedido era, sin embargo, tan evidente, que Calitea, en el fondo de su alma, los perdonaba; y considerando el negocio desde el punto de vista de ellos, les daba la razón.

No impedía esto que doliese mucho a Calitea haber perdido aquel precioso juguete, legado y recuerdo de su padre y presente y obra de sabio tan eminente y benéfico como Criyasacti.

La muñeca la habla tenido embelesadísima; pero nunca esperó nada de la muñeca. El chiste que en ella estaba oculto y comprimido, y que, según el doctor Teódulo, había de estallar en el momento más oportuno e inesperado, podría divertir un rato su tristeza, pero jamás arrancarla de su pecho y darle felicidad, haciéndola el bien de lograr su amor, de cuyo objeto la separaba un abismo.

En suma, Calitea sentía la desaparición de la muñeca, no por interés, no porque esperase de ella favor y ventura, sino por cariño a su padre, por gratitud al mago indio y algo también por cierta curiosidad, que ya no podría satisfacer, de ver la explosión del chite.

El doctor Teódulo le había explicado que, si bien Criyasacti no trabajó nunca para divertir a nadie, ni empleó su raro saber como medio de granjería, a veces, en ratos de buen humor, había fabricado (encajando siempre al fin una severa lección moral) ciertos artificios que, cuando menos se pensaba, largaban un chiste. A tales artificios llamaba él en su lengua india, que era el sánscrito, o, como dicen otros, el sánscrito, cápsulas chistosas. La mejor de estas cápsulas hubiera sido la muñequita, si no se hubiese perdido.

Oigamos ahora lo que dijo el doctor Teódulo, cuando visitó a Calitea y Calitea, le dio noticia de tamaña desgracia.

Es materia muy sustancial, y conviene que se oiga o se lea con atención y paciencia.

El doctor Teódulo dijo:

—Lo ocurrido me aflige extraordinariamente. Aunque me conste que nadie pudo romper, quemar o destruir la muñequita, doy por seguro que don Prudencio la ha sepultado en las entrañas de la tierra o la ha echado en el pozo, desde donde la corriente se la habrá llevado al fondo del mar. Criyasacti preveía y calculaba mucho; pero, ¿calculó y previó tu inmenso descuido y la inverosímil y atrevida simpleza de don Prudencio? Si no contó con estos datos; si, como yo me inclino a sospechar, dejó este cabo suelto, toda su previsión será inútil; su artificio maravilloso no nos servirá de nada. Acaso, por no poder cumplir el mandato imperativo de su autor, se quede la muñeca en los recónditos lugares donde ha ido a parar, sin que se desbarate ni afloje la invencible y apretada trabazón de sus moléculas hasta la consumación de los siglos. Acaso el mandato de Criyasacti y la cohesión, su efecto, tengan por término el de tu vida, y la muñequita, permaneciendo inerte y sin gracia, se deshaga y muera, ¡oh Calitea!, solo cuando tú te mueras. Acaso, por último, la muñequita dispare, un día, su chiste, sin resultado ni lucimiento, como saeta que no toca en el blanco a causa del imprevisto empujón que algún tonto o algún mal intencionado da en el brazo al hábil flechero que está haciendo la puntería. Pero, ¿qué sabemos? La ciencia de intro inspección posee recursos que nosotros, profanos o aprendices, no alcanzamos a concebir. El que es docto en esta ciencia, allá en lo hondo de su mente ve el mundo de las ideas, del que es remedo el mundo visible, y le ve tan claro y tan sin limitación de lugar y de tiempo, que lo mismo nota lo que está en fanal cristalino que lo emparedado en espeso muro o embutido en otro cuerpo opaco; lo mismo contempla lo que se pierde o apenas se columbra en lo más remoto de los cielos, que lo que se pone encima de las narices, y lo mismo que lo presente descubre lo venidero con todas sus menudencias, porque la marcha tortuosa de los casos está señalada en su espíritu como en el mejor mapa el sesgo curso de los ríos. Al discurrir así renace mi esperanza. Nada tiene de imposible ni de sobrenatural que Criyasacti lo previese todo, incluso la tontería de don Prudencio, haciéndola entrar en sus planes.

—¿Pero qué planes serían esos? —preguntaba Calitea.

El doctor contestaba siempre que los ignoraba.

Otras veces, Calitea, dejándose influir por lo que oía a don Prudencio, recelaba que fuesen diabólicos el saber y el poder de Criyasacti, o dudaba de la grandeza de tal poder y de tal saber, si eran meramente naturales y humanos.

El doctor Teódulo entonces insistía en las razones que ya había aducido o empleaba otras nuevas.

—No lo dudes hija —exclamaba—; la intro inspección es el mejor método, la vía recta, la trucha y el atajo para llegar a la ciencia. El que se reconcentra en sí mismo, aquieta o mata sus pasiones y se abstrae del mundo exterior, lo ve todo en sí o lo ve casi todo y hace luego cuanto se le antoja. Por eso aquel célebre filósofo de mi tierra llamado Demócrito, a fin de verse en lo interior con fructuoso recogimiento, cuentan, aunque algo puede haber en ello de ponderación simbólica, que se sacó los ojos. Quiso perder la vista material y grosera para adquirir la segunda vista y ser zahorí y adivino. Y por lo que toca al poder que la intro inspección otorga, los sabios de la gentilidad grecorromana le han reconocido, e igualmente le reconocen y acatan varios sabios cristianos, de estos que se apellidan escolásticos, adelantándose a todos Alberto Magno, que hoy vive. He de confesar, no obstante, que de la ciencia de intro inspección apenas hay hasta ahora algunos atisbos en Europa y en el Occidente de Asia. En Europa acaso empiece a florecer dentro de siete siglos. Donde florece hoy es en la India, desenvolviendo en quien la estudia lo que llaman fuerza psíquica, que todo lo puede. Te citaré lo que acerca de esta fuerza dice el médico árabe Avicena, que estuvo en la India, a lo que yo creo. Tal vez exagere un poco; pero asegura que el alma santificada y limpia de pecado adquiere tales bríos, merced a las intro inspectivas meditaciones, que, sin chispa de milagro, sino naturalísimamente, alborota los elementos, atrae a torrentes la lluvia, amansa o desencadena los vientos y promueve tempestades que truenan y que fulminan. No sostiene, a la verdad, haber presenciado todo esto; pero, en prueba de lo que puede la fuerza psíquica, aun ejercida desde lejos, da testimonio de la caída de un camello, que un hombre, dotado de dicha fuerza, derribó a cien pasos de distancia, solo con decir quiero derribarle. En confirmación de lo cual, habla el ya mencionado Alberto Magno de dos muchachos, conocidos suyos, contra quienes no valían candados, ni cerrojos, ni llaves, porque con la voluntad y sin toque corpóreo abrían de par en par las puertas más sólidas y mejor cerradas. Se explica este poder del alma en la materia, sobre todo si el alma es la de un sabio, porque, no bien forma ésta algún propósito, cuando produce, en lo más sutil y puro de la sangre del cuerpo que anima, ciertos espíritus alambicados, o, más bien, ciertos globulillos tenues, etéreos e incoercibles, que se mueven con más velocidad que la luz y se cuelan por todas partes. El sabio envía luego estos efluvios a donde mejor le parece, les manda que allí se instalen y no cesen de operar, sin perder energía, hasta que se cumpla su voluntad, que fermenta y se agita, incorporada en ellos. Así, pues, si en la muñequita, y yo no lo dudo, hay efluvios de Criyasacti, aun es posible que dé la muñequita razón de quién es, cuando más descuidados estemos.

Calitea oía estas cosas con la atención que merecen, y se enteraba bien de ellas, porque era muy lista; pero ya dudaba de todo, ya creía algo, ya no creía nada. Lo cierto es que no tenía grande afición ni a las ciencias ocultas ni a las paladinas.

El arte era su refugio, su deleite, y su único amor bien pagado.

Ya no era ella la modesta costurerilla de años atrás, sino una artista de primer orden y de excelsa nombradía: la más admirable bordadora de su siglo.

XVI

Don Hermodoro, después de su trastada, andaba huido, como se dijo, y no quería, de puro miedo, ver a Calitea; pero seguía prosperando con su comercio, y tenía lo que llaman en los países del Norte de Europa tienda abierta de galanterías.

No se escame ni se escandalice el pío lector, porque no es nada malo. En los indicados países, donde yo resido al presente, así como del que vende especias, confites, roscos, pastelillos y hasta salchichas, se dice que vende delicadezas, del que vende ricas telas, figuritas y vasos de porcelana y de bronce, y demás pequeños objetos de arte para adorno de los salones, se dice que comercia en galanterías. La mejor tienda de esta clase que, por ejemplo, hay ahora en Viena es la de Weidmann, y la mejor tienda que de lo mismo había entonces en la ciudad teatro de mi historia, era la de don Hermodoro. Allí se veían lujosos cofrecillos, esmaltes de Limoges, pebeteros y puñales de Damasco, tapices de Esmirna y de Persia, guadamacíes y otros cueros labrados en Córdoba y en Tafilete, jarrones y copas de ataujía toledana, cristalería de Venecia, mosaicos de Bizancio, bandejas repujadas, y quién sabe cuántas monerías y caprichos. No había artículo de alta novedad que allí no se encontrase. Las principales señoras acudían, pues engolosinadas a verlos y comprarlos. La parroquiana más asidua era la duquesa, que ya conocemos, mujer del virrey y amiga del rey, la cual no se cansaba de comprar primores para hermosear cada vez más el gabinetito o boudoir en que tenía con su majestad egerianos coloquios.

Don Hermodoro, que era muy experto, conociendo la merecida reputación de Calitea, se entendía con ella, sin dar la cara, por medio de sus agentes y corredores, y hacía más de un año que le había encargado bordar dos reposteros en los que echase el resto, luciendo toda su habilidad. En ellos había de haber algo alegórico que redundase en alabanza del rey, pero la traza o dibujo del bordado quedaba al arbitrio de la artista.

Inspirada ésta, se puso a bordar, y bordó dos verdaderos prodigios. Amplia cenefa, formando cuadro, lo contenía todo. Sendos festones oblicuos cortaban los ángulos. Cenefas y festones eran en un repostero de verdes hojas de laurel y de robusta encina con bellotitas de oro, y en el otro guirnaldas de mirto y rosas. En los centros había medallones ovalados. Calitea quiso figurar en el primer repostero la grandeza militar y política de la monarquía, y su prosperidad económica en el segundo. Así es que llenó, respectivamente, los espacios cerrados por los festones con las imágenes de las virtudes cardinales y de los genios de la agricultura, de la industria, del comercio y de las artes. Servía de sostén a un medallón el águila bicípite, con las alas extendidas y un manojo de rayos en cada garra, y le coronaba la Fe. El sostén del otro medallón era un toro, y la corona dos cuernos de abundancia, que derramaban un diluvio de racimos de uvas y de otras frutas. Este diluvio comestible caía por fuera del óvalo. En el otro repostero había estrellas y luceritos en lugar de uvas. En fin, en uno de los medallones del centro figuró Calitea a San Miguel con el Diablo encadenado, como estaba en la catedral, y un letrero que decía: Gracias al Arcángel su patrono; y en el otro medallón representó a la Fama e inscribió por letrero: Gloria al Rey. Lo último que bordó Calitea fue la figura de la Fama, y era tal la impresión que había producido en su mente la muñequita, que hizo su retrato con asombroso parecido.

Don Hermodoro pagó con esplendidez aquel trabajo magistral, pero le vendió enseguida en triple precio. La duquesa le vio; al verle, se quedó bizca de admiración; dio sin regatear lo que don Hermodoro tuvo a bien pedirle por él, y mandó que se le llevasen sin tardanza a su casa palacio.

El rey, que iba entonces casi diariamente a visitar a la duquesa, pudo admirar y admiró aquel mismo día los dos reposteros colgados ya en el boudoir.

Preguntó quién era el artífice autor de tan bella obra, y la duquesa contestó que una tal Calitea.

Al oír aquel nombre necesitó don Miguel de todo su disimulo y presencia de espíritu para ocultar su turbación y hasta las más reprimidas lágrimas, que llegaron a humedecer sus párpados. Su conversación con la gran dama fue más breve y menos cariñosa que de costumbre, y pronto se volvió a palacio bastante preocupado.

Aquella noche no pudo pegar los ojos hasta tarde. Mil memorias e ideas agridulces le tuvieron desvelado.

Pensó en el talento, en la hermosura, en la honestidad y en la constancia de Calitea, y se avergonzó de la vida que llevaba él hacia más de tres años.

Al fin se durmió; pero le molestó, en su intranquilo dormir, aflictiva serie de extravagantes ensueños. Ya era él, y no Lucifer, el sujeto a quien el San Miguel de uno de los reposteros tenía encadenado a sus plantas. Ya se animaba la buena Fama representada en el otro repostero, y le miraba con ojos amenazadores.

Tan nervioso e inquieto despertó el rey por la mañana, que sintió deseos de hacer ejercicio para calmarse. Salió, pues, muy temprano a caballo, acompañado solamente de Leoncio.

Al pie del regio alcázar, edificado en una altura, se extendía el magnífico parque. Fuerza es confesar, aunque pese a nuestro patriotismo, que su arbolado era más frondoso y rico que el de la Casa de Campo de Madrid. Nada tenía que envidiar al de los bosques de Lacambre y Boulogne en Bruselas y París, ni al del jardín inglés de Munich, ni al del Prater de Viena.

Aquel parque no estaba abierto para el público sino en los días festivos. En los demás días todo era en él soledad y silencio.

Leoncio se quedó muy atrás. El rey pudo, mientras cabalgaba por los sitios más umbríos y agrestes, dar rienda suelta a sus cavilaciones.

Éstas, merced a una moral laxa, algo acomodaticia y muy bien aplicada, tuvieron un resultado tranquilizador y satisfactorio.

«Calitea —pensaba y decía el rey para sí— hubiera sido, si por casualidad no llega a conocerme, una mujer honradísima; pero ni más ni menos que otras muchas mujeres honradas. Sin duda se hubiera casado con algún hortera o con algún sastre. Yo la levanté de cascos. El amor que me inspiró y que tuve la dicha de inspirarle, ennobleció y elevó su espíritu y la hizo capaz de ser un modelo de virtud y una artista gloriosa. Luego, bien mirado, no hay que compadecer a Calitea, ni declararme yo con culpa, ni en falta. Ella es quien debe estarme agradecida. Cuando la Divina Providencia nos puso en tan apartadas esferas sociales, es evidente que quiso que fuesen pasajeras nuestras relaciones. Además, ¿qué he de hacer yo para reanudarlas? La moza es tan arisca, que mostrarle de nuevo mi ternura sería exponerme a mayores desaires y sofiones. Con Calitea estoy de sobra cumplido. De lo que me culpo es de no imitar su ejemplo. Mi poder san-

tificante, purificador y sublimador se ha ejercido en ella...
¿Por qué no ha de ejercerse también en mí mismo? Vamos...
está visto. Es menester que yo me enmiende. Lo primero que
voy a hacer es señalar una buena pensión a la cantarina si-
ciliana, y enviarla con la música a otra parte. Es tan desver-
gonzada la tal cantarina, que es un foco de inmoralidad que
lo inficiona, todo. En cuanto a la duquesa, ya es harina de
otro costal. ¡Qué dignidad en medio de todo! ¡Lo que sabe!
¡Cuán atinados consejos los suyos! Nada... no es posible que
yo me prive por completo de su útil y dulce conversación y
de su afable trato. Pero es una crueldad que el pobre virrey,
que está ya viejo y achacoso, viva solo en su virreinato, sin
mujer que le consuele, le cuide y le mime. Haré que la duquesa se vaya largas temporadas a acompañar y a cuidar
a su marido, sin perjuicio de que venga por aquí de vez en
cuando a charlar conmigo y a prestarme el auxilio de sus
luces. Yo, entre tanto, debo corregirme: cambiar de vida.
Mi madre, mis consejeros más fieles y los próceres del reino
me excitan a que me case. Cederé a la razón de Estado. Me
casaré. El rey Erico de Suecia está deseando que le pida yo
la mano de su hija mayor, princesa rubia, fina y estimable
como el oro. Mi madre lo tiene ya todo concertado, y yo lo
he ido retardando hasta hoy. No lo retardaré más. Enviaré
a escape a mis embajadores para que celebren la boda por
poderes y me traigan a la futura.»

Así lo arregló todo don Miguel, y su espíritu se quedó
muy sereno; pero como era a mediados del mes de agosto,
hacía calor, y aquella meditación había sido al trote y al ga-
lope de un fogoso caballo, el rey estaba sofocadísimo y con
ganas de bañarse.

En lo más esquivo y retirado del bosque había un pequeño y bonito lago. Sus aguas eran frescas y cristalinas. La

profundidad grande. Los árboles que en la orilla crecían le daban grata sombra.

Allí decidió el rey bañarse: envió a Leoncio por ropas al alcázar, que estaba cerca, y confiando su caballo a un guarda, se desnudó en la casita donde el guarda moraba, y se echó al agua, nadando con deleite.

Dejémosle que nade. Ni él ni nadie hubiera podido prever que aquella natación iba a ser el momento más solemne y decisivo de toda su existencia.

XVII

Al día siguiente, y al toque de ánimas, cuando el doctor Teódulo cenaba descuidado en su casa, llamaron con precipitación a la puerta. Abrieron, y entró a hablar al doctor un gentilhombre de su majestad que le traía un recado urgente. Según lo que dijo, el rey estaba en cama, enfermo de algún cuidado. El día anterior le habían traído de bañarse en el parque, tendido en una camilla. Los médicos más hábiles habían estado a visitarle. Todos se reconocieron incapaces, no solo de curar, sino de clasificar y explicar su enfermedad, inaudita y nunca observada antes. Sobre sus síntomas y circunstancias se callaban los doctores. El rey les había ordenado que guardasen secreto. Solo dejaban entrever que en el mal había hechizo; y así, en una consulta que acababan de celebrar, habían declarado unánimes, que el único que podría curar al rey era el doctor Teódulo, famoso en toda la ciudad por sus curas, hasta el extremo de que le apellidasen el octavo sabio de Grecia, y que, además, tenía sus puntas y collar de hechicero.

El gentilhombre venía, pues, en busca del doctor Teódulo.

De parte del rey le pidió que sin dilación le acompañase.

Breves instantes después el doctor estaba en palacio, y en la misma estancia donde yacía el rey en su lecho.

Allí hicieron entrar al doctor solo y con cierto recato.

Hechos los saludos y reverencias que entonces se estilaban, el doctor contempló la hermosa resplandecer en ella toda la cara del rey, y vio saludable lozanía de la más robusta juventud; le miró la lengua, y la halló limpia; le tomó el puso, y notó que le tenía fuerte, regular y pausado.

—¡Majestad! —preguntó luego el doctor—. ¿Tienes buen apetito?

—Devoro —contestó él rey.

—¿Te duele algo? —volvió a preguntar.

Y replicó el rey:

—No me duele absolutamente nada.

—Entonces —dijo el doctor, con la franqueza que le era propia—, tú no tienes mal ninguno; estás mil veces más sano que yo y que todos.

—¡Ay, ay! —exclamó el rey, exhalando dos o tres amargos suspiros—. Lo que yo tengo no me duele mientras no intentan quitármelo; pero me estorba si no me lo quitan. Está en molestísimo sitio, y no me suelta ni se desprende. Es una máquina infernal que me han disparado. Es un monstruo, submarino o acuático, que me mordió ayer en el baño. No me deja andar ni montar a caballo, ni estar sentado, ni vestirme, como no me pongan un balandrán o una bata muy ancha. Los más terribles instrumentos punzantes, cortantes, perforantes y triturantes, no han valido contra este fenómeno; no han podido descascararle siquiera. Y lo peor es que mis vasallos se van a burlar de mí, si lo saben, y me van a llamar el rey con apéndice. ¡Mírale, mírale!

Y el rey se volvió y dejó ver al doctor la pícara muñequita, creación pasmosa de Criyasacti.

—¡Eureka, Eureka! —gritó el doctor, repitiendo la ovante y jubilosa palabra de su compatriota Arquímedes—. La previsión de Criyasacti ha sido completa. ¡Todo ha entrado en sus sapientísimos planes!

Entonces explicó al rey, en breves frases, cuanto había ocurrido con la muñeca; la sugestión que había puesto en ella el sabio indio, ignorada por él y por todos hasta aquel momento; y cómo el presbítero y doña Eduvigis habían arrojado la muñequita al pozo, desde donde ella se vino al lago. Consoló, por último, al rey; le dijo que no se apurase, y le prometió que, a la mañana siguiente, a las ocho en punto, traería él a palacio el indefectible y pronto remedio de aquella incómoda molestia.

Bien sabía el doctor Teódulo lo que se pescaba. Conocidos ya el giro y cariz que tomaba el asunto y la conducta que iba observando la muñeca, lo demás se caía de su peso. El doctor percibía con claridad el designio de Criyasacti. Solo Calitea tenía poder para deshacer aquel hechizo, y él no dudaba de que Calitea no se haría de pencas, seguiría sus instrucciones y socorrería a su dulce amigo en cuita tan ominosa.

En efecto, al otro día, y con la mayor puntualidad, a la misma hora que el doctor había anunciado, se abrió con suavidad la puerta de la alcoba del rey, volviendo a cerrarse enseguida; pero dejando entrar un bulto negro, que con pasos vacilantes se dirigió hacia la cama.

El lector habrá adivinado que el bulto era Calitea. El rey, que no era más tonto que el lector, lo adivinó también. Calitea no intentaba disfrazarse ni hacer el bú, sino que de puro pudorosa quiso venir de tapadillo y muy rebozada en su manto.

No pronunció palabra. Tampoco chistó don Miguel, si avergonzado de la situación en que se hallaba, satisfecho y alegre de la caritativa visita.

Adoctrinada e industriada Calitea por el doctor Teódulo, se acercó al lecho, hizo un esfuerzo de voluntad para vencer su virginal timidez, introdujo la diestra por entre las sábanas, buscó y halló la muñeca, la cogió por la peana y dio un tironcito.

No fue menester más. La Buena Fama, dócil y obediente, soltó la presa, sin lastimar ni mortificar.

Calitea la sacó con prontitud y la puso en un velador que había en el centro de la grande y regia alcoba; pero don Miguel había asido a Calitea por un pico del manto, de suerte que, al apartarse, el manto se le cayó, y quedó ella en cuerpo gentil, en mitad de la estancia. Don Miguel pensó que se abría el cielo y que veía algo de lo más hermoso que hay por allí. Calitea estaba floreciente, luminosa, divina. El puro rosicler de la vergüenza encendía su rostro, y nada valían, comparadas con ella, todas las cantarinas y todas las mujeres galantes del mundo.

Al mismo tiempo, ¡oh nuevo milagro de Criyasacti! ¡Oh fonógrafo anterior y superior al de Edison! La muñeca se puso a tocar la trompetilla. Era menor que un pito y sonaba más que un órgano. ¡Y qué admirable sonata triunfal y amorosa! Vencía por su dulzura al duetto de Mozart entre don Juan y Zerlina, y se levantaba, por el entusiasmo y la riqueza de pasión y de conceptos, sobre el himno sinfónico de Wagner, cuando, en la Walquiria, vuelve la primavera, vence y reina Amor, y Siglinda y Sigmundo se abrazan. La sonata de la trompetilla solo podía compararse a la música celestial que oía Pitágoras en sus arrobos; a la armonía de las esferas, que, atraídas por el primer móvil, se agitan en arrebatada consonancia.

Calitea y don Miguel se quedaron también arrobados oyendo aquella música.

No bien la música cesó, Calitea, como si volviese de un sueño, sintió lo difícil, arriesgado y poco decoroso de su permanencia allí y huyó despavorida.

En la antecámara la estaba aguardando el doctor Teódulo, y con él se volvió a su casa.

XVIII

Don Miguel saltó de la cama, saludable, gallardo y apuesto, como si no hubiera habido apéndice ni mordedura. Se lavó y se vistió con el mayor esmero, pero a escape y sin dar barzones.

Su actividad era extraordinaria, como la de quien tiene un proyecto importantísimo que anhela realizar cuanto antes.

Convidó al arzobispo y al notario mayor del reino para que viniesen a almorzar con él: citó para las tres de la tarde a muchos personajes y damas, y dio otras mil disposiciones.

Pronto cundió por todo palacio que el rey estaba ya restablecido y preparándose como para una fiesta. La reina y las infantas acudieron a verle, muy satisfechas y gozosas.

Cuando el rey vio a toda la familia real reunida en su cuarto, sin poder contenerse, porque era vehementísimo, dijo todo lo que sentía y deseaba: que su gratitud y su amor eran invencibles; que solo Calitea merecía ser reina; que estaba arrepentido y contrito de su mal proceder con ella; y que iba a enmendarlo todo.

—Madre —añadió— hoy mismo me caso.

La reina y las infantas se enteraron al punto de que la novia era una costurera, y tuvieron a don Miguel por loco de atar.

Las infantas se callaron por el mucho temor y respeto que al hermano tenían; pero la reina madre habló con entereza, oponiéndose a tan extravagante disparate, que enojaría y agraviaría a la princesa sueca, y que avillanaría al rey y le haría el ludibrio de los otros soberanos, de la nobleza y de la misma plebe, que gusta de que la sangre de sus príncipes se conserve pura.

La contestación que dio don Miguel a los argumentos maternales fue la perorata más bella que es posible concebir. Yo no me atrevo a reproducirla. Para hacerlo digna y fielmente necesitaría yo de la facundia, de la imaginación poderosa y de los bríos oratorios de mis amigos Emilio Castelar y Alejandro Pidal, gloria de la tribuna española. Don Miguel era elocuente como ellos, y como ellos se movía, se exaltaba y manoteaba. ¡Con qué abundancia de citas históricas ilustró su razonamiento! Cuando el rey Asuero, por ejemplo, se casó con Ester, que era una muchacha cualquiera de un pueblo vencido, humillado y esclavizado; cuando el emperador Justiniano, tan ilustre por sus Códigos y sus conquistas, se dejó conquistar por la comedianta Teodora, que hacía en público teatro tales horrores que tienen que quedarse en griego y nadie se atreve a traducirlos de Procopio, ¿por qué no había de casarse don Miguel con una niña modesta, castísima y pura?

En suma, don Miguel habló tan bien, que, si no dejó convencidas a su madre y a sus hermanas de que convenía que él se casase con Calitea, las dejó convencidas de que era maravilloso orador, y de que tenían ellas que aguantarse y que aceptar a Calitea por nuera y por cuñada.

Por dicha, al ir a terminar su discurso, en toda la fuga y calor de la improvisación, don Miguel, que iba de un lado para otro y accionaba vigorosamente, acertó a ponerse cerca del velador, donde estaba silenciosa e inmóvil la muñequita, y le dio tan feroz manotada, que la muñequita cayó rodando por el suelo.

La sugestión de Criyasacti había tenido enganchadas y trabadas todas las partecillas de materia prima de que constaba la muñeca; pero, cumplida ya la sugestión, la fuerza psíquica de Criyasacti carecía de objeto, y hubo de desvanecerse. La muñeca quedó, pues, como muñeca ordinaria, fabricada de barro poroso y quebradizo, idéntico al de las alcarrazas de la Rambla o Andújar. Nada más lógico, por consiguiente, que la transformación de la muñequita, al caer por tierra, en multitud, de tiestos.

Pero Criyasacti no hacía las cosas a medias. La muñeca, que había sido arma, era también alcancía y archivo, porque encerraba un tesoro, no de moneda, sino de documentos inéditos. De su hueco y roto vientre salieron, desparramándose, dos o tres docenas de pergaminos manuscritos.

El notario mayor del reino había venido ya a almorzar, y de real orden se puso inmediatamente a estudiarlos. Lo que resultó de su estudio es de tal importancia, que merece, pide y exige capítulo aparte, donde empecemos por poner al lector en autos de ciertos antecedentes históricos.

XIX

El bisabuelo de don Miguel fue uno de los más prudentes y astutos monarcas de su época, y se dio tan buena maña, que consiguió anexionarse un reino vecino casi tan grande como el que él había heredado. Así se redondeó y formó una poderosa y doble monarquía. Pero, según dice muy bien el reverendo padre Isla, al hablar de un suceso semejante, en su compendio de Historia de España en verso:

> Trozos son de los padres o pedazos
> Los hijos, cuando no son embarazos.

Este rey de que hablamos tuvo dos hijos gemelos, a quienes amaba tan por igual que no pudo decidirse a desheredar al uno para que reinase solo el otro. Deshizo, pues, la obra de toda su vida, volvió a dividir los reinos, y dejó, a su muerte, a cada uno de sus hijos sentado en un trono.

Pronto el abuelo de don Miguel, que era el más ambicioso de los dos reyes, prescindió de los afectos de familia, y movió guerra y destronó a su hermano, el cual murió peleando denodadamente en una sangrienta y reñida batalla. La reina viuda, que estaba recién parida, murió de sobreparto con ocasión de tantos infortunios, precisamente cuando entraba en triunfo en la capital su descastado hermano político.

Este se apoderó del reyecito, huérfano de padre y madre y destronado a poco de nacer, y deseoso, sin que le comparasen a Herodes, de evitar para lo futuro rebeldías y pronunciamientos, mandó que a aquel niño le educasen en un convento, con el propósito de que, en vez de la púrpura, vistiese la cogulla. Pero el hombre propone y Dios dispone. El niño salió más mundano y travieso que reposado y devoto.

Era, como vulgarmente se dice, de la piel de Barrabás. Inútil fue la vigilancia de que le rodeaban. El regio novicio ahorcó los hábitos y logró escaparse del convento antes de cumplir dieciocho años. En balde fueron investigaciones y pesquisas. Nadie volvió a saber jamás de su paradero.

Ahora bien; los pergaminos examinados por el notario mayor, probaban con evidencia que el regio novicio huido había tomado el nombre de don Adolfo, había militado en reinos extraños, y singularmente en Tierra Santa, y, por último, había estado en la India.

Jamás le faltaron ganas y arrojo para vengar a su padre y recuperar la corona; pero siempre le faltaron dineros. Nadie quería prestarlos al caballero de la Bolsa vacía. Sin recursos, pues, le fue imposible levantar parciales en su país natal, donde la mayoría del pueblo era adicta a la rama reinante, que gobernaba con tino y ventura.

Cuando Criyasacti leyó a don Adolfo su testamento, dejándole por universal heredero, don Adolfo formó el plan de acudir como pretendiente y de mover guerra en su patria; pero Criyasacti abominaba, en general, de la efusión de sangre, y, muy singularmente de las guerras civiles, e hizo jurar a su protegido, so pena de desheredarle, que había de seguir ocultando su origen y su condición hasta a su mujer propia, cuando se casase, y que no había de aspirar al trono. Don Adolfo, en la mísera esclavitud en que se hallaba, no tuvo más remedio que prestar aquel juramento. Entregó, además, a Criyasacti, que así lo exigió, todos los pergaminos que probaban su personalidad y su derecho.

El sabio indio, en premio de la docilidad de su protegido y por lo bien que le quería, le prometió, sin decirle de qué suerte, recompensa e indemnización satisfactoria. Entonces fue cuando construyó la muñequita que, como prenda, señal y máquina de la promesa, había él de entregar o legar a una hija hermosísima que tendría, llamada Calitea, en el punto en que esta hija cumpliese veintitrés años.

Tal es el resumen de lo que rezaban y demostraban los pergaminos.

La reina madre se regocijó al saberlo. Las infantas brincaron de júbilo. La futura del rey no era ya una costurerilla plebeya, sino su prima y reina legítima por la gracia de Dios y sin debérselo a nadie. Iba a ser un providencial acontecimiento la fusión dichosa de ambas ramas de la dinastía.

Las infantas y la reina madre lo chillaban, lo aplaudían y lo celebraban tanto, que el rey les suplicó y aun les ordenó que se callasen.

—No quiero —dijo— que se divulgue que Calitea es mi prima hasta después que nos casemos. Yo me iba a casar con ella, creyéndola humilde costurerilla y aunque ya sé que no lo es, hallo más bonito que, por lo pronto, el público no lo sepa. Además, el que lo supiese el público y, sobre todo, el que lo supiese Calitea, me fastidiaría de lo lindo. La muchacha es tan puesta en sus puntos, tan formalista y tan enemiga de toda inversión o supresión de trámites, que no consentirla en la boda hasta que viniese la dispensa del Padre Santo. Y mientras se ponen en regla todos los documentos, se envían las preces a Roma, informa la Sagrada Congregación de Ritos, y viene la dispensa despachada, pasará cerca de un mes. Yo me moriría de impaciencia si tuviese que aguardar. Conque nada, mamá, que no sepa lo del parentesco, ni Calitea, ni nadie, ni el señor arzobispo, para que no ponga dificultades.

—Hermanitas, punto en boca —dijo luego, dirigiéndose a las infantas.

El rey estaba tan impetuoso y tan imperioso que, infantas, reina madre y notario mayor, se cosieron las bocas, por más que les remordiese la conciencia de que se hacían cómplices de un pecado.

XX

Don Prudencio, Calitea y su madre, estaban de conversación en el saloncito de la casa, cuando, poco después de las tres de la tarde, oyeron son estrepitoso de timbales y clarines, vivas, aplausos, relinchos y ruido de herraduras en las piedras, como de gran tropel de caballos. Apenas tuvieron tiempo de asomarse a la ventana y de ver la multitud que llenaba la calle. El rey había subido la escalera, saltando de dos en dos los escalones, y sin que la cocinera, que le había abierto, tuviese tiempo de anunciarle, entró en la sala, y dirigiéndose a doña Eduvigis, que estaba con la boca abierta, lo mismo que don Prudencio, dijo:

—Señora, quiero ser tu yerno, te pido la mano de tu hija; espero que me la concedas.

Doña Eduvigis, cortadísima, nada contestó.

Don Miguel se llegó entonces a Calitea, hincó una rodilla en tierra y exclamó:

—Dueño mío, vente con tu rendido siervo. El arzobispo espera en la capilla de palacio para echarnos las bendiciones.

—¡Qué locura es la tuya, señor! —respondió la juiciosa Calitea—. Pasado el entusiasmo, pronto te arrepentirías si yo accediese. Las murmuraciones y el descontento de tus vasallos te serían insufribles. No; tú no debes casarte con una humilde costurera.

Calitea se resistía tanto, que el rey tuvo en la punta de la lengua la revelación de todo el secreto, diciéndole que era su primo; pero se acordaba de la dispensa, se asustaba de las dilaciones y se callaba.

El doctor Teódulo estaba en la comitiva, llamado por el rey, quien le había informado, como única excepción, de lo que se acababa de averiguar, y sin revelárselo a Calitea, le dio tales razones para que cediese, que ella, que no deseaba otra cosa, cedió al cabo.

Desapareció por unos cuantos minutos y volvió vestida de gala, con un traje bellísimo, elegante y de exquisito gusto, que ella misma se había hecho. Parecía un Sol de hermosura. En la mano traía la espada del jaque que el rey le había dado como trofeo la última noche que hablaron por la reja.

Don Miguel, lleno de gozo y movido por la admiración y el amor, besó por vez primera las frescas mejillas de su prima, que se pusieron rojas como la grana.

Calitea, aunque iba a poseer todas las joyas de la corona, no llevaba entonces joya alguna; pero su majestad había tenido una excelente idea y la había realizado.

Había hecho buscar y comprar de nuevo el aderezo que hacía más de tres años había enviado en balde.

Leoncio era también esta vez quien le traía.

El rey le sacó del estuche y adornó con aquellas joyas a su futura.

En fin, los novios bajaron la escalera. En el zaguán había una hermosa y blanca hacanea que un paje tenía de la brida. La gualdrapa o paramento, con las armas reales. Sobre la gualdrapa, doradas jamugas. Tomó don Miguel en sus brazos a Calitea y, como si fuese más ligera que una pluma, aunque distaba de serlo, la levantó a pulso y la sentó sobre la hacanea, muy gallardamente.

La lucida cabalgata se puso en movimiento, camino de palacio. Abrían la marcha seis heraldos con ricas vestiduras y estandartes vistosos, y después treinta trompeteros y cuarenta músicos que tocaban instrumentos distintos.

Salvo las omisiones en que me haga incurrir el amor a la brevedad, la demás gente de la comitiva guardaba el orden que aquí se expresa.

El gran maestro de ceremonias, sin abandonar, por ir a caballo, la áurea pértiga, signo de su autoridad. Los otros altos empleados de la real casa: mayordomos, coperos, gentileshombres y caballerizos. El montero mayor, seguido de ojeadores y halconeros con los halcones presos por la piuela y posados en el puño. Catorce damiselas o meninas, de la servidumbre de la reina madre y de las infantas, condesas todas de la más ilustre prosapia y con dieciséis cuarteles de nobleza la que menos. Las damiselas iban con espléndidos atavíos y en palafrenes briosos. En pos de ellas, igual número de donceles y muchos escuderos y pajes. El corregidor, los secretarios, los capellanes, algunos consejeros y los ayudantes de campo rodeaban al rey, y éste oprimía los lomos de un magnífico caballo árabe, que, inquieto y fogoso, piafaba y hacía corvetas. Calitea cabalgaba al lado derecho del rey. A respetable distancia, cuatro robustos lacayos, muy compuestos y pomposos, llevaban en dos sillas de manos a doña Eduvigis y a don Prudencio. El doctor Teódulo caminaba en su mula, como de costumbre. La procesión terminaba con una brillante escolta de lanceros y flecheros de caballería.

Como era tan popular don Miguel y Calitea era tan guapa, el alegre gentío los vitoreaba y aclamaba, aglomerándose y empujándose para verlos pasar. Las campanas, echadas a vuelo, no paraban en su repique. En los balcones había colgaduras de brocatel, de damasco y de otros tejidos de seda, oro y plata. Y las muchas damas y los galanes que estaban en los balcones, terrados y azoteas, echaban trigo a puñados y una olorosa lluvia de flores.

En palacio fue recibida Calitea con entrañable cariño. La reina madre y las infantas la hallaron tan bella, tan señora, tan sin el menor perfil ni tilde de cursería y tan amable y simpática, que se la querían comer a besos.

El arzobispo casó al rey y a Calitea; les leyó la epístola de San Pablo a los de Corinto, y la comentó con acierto y elegancia.

Toda la función fue regocijada y suntuosa. No entremos en pormenores.

Dejo de contar la suprema ventura de los recién casados para no despertar en nadie la envidia ni otras malas pasiones.

Al día siguiente de la boda, en la expansión de sus sentimientos y en la total entrega que hizo a Calitea de su alma, don Miguel no supo callar que era su primo y se lo contó todo.

No fue pequeña la desazón de Calitea. Sus escrúpulos fueron mayores. Para quitárselos, se empeñó en que, hasta que llegase la dispensa de Roma, ella y don Miguel imitasen la vida de la reina Edita y de San Eduardo.

Don Miguel no gustaba nada de semejante imitación, y acudió al arzobispo, pidiéndole socorro con tal ahínco, que el arzobispo, no sé si extralimitándose un poco de sus facultades, le concedió indulgencia plenaria y venia provisional en un escrito que el rey, quizá erróneamente porque había estudiado poco derecho canónico o le había olvidado, llamaba buleto ad referéndum.

Así no se eclipsó ni se interrumpió la Luna de miel.

Cuando supo el Padre Santo todo lo que había pasado, se alegró lo que no es decible, e hizo cantar el Tedeum en San Juan de Letrán y en las demás iglesias. La dispensa la despachó a escape, porque don Miguel era su ojito derecho, y como Su Santidad se desvelaba por conservar la paz y la concordia entre los príncipes, reinos, repúblicas y pueblos cristianos, tuvo por fausta la fusión de las dos ramas de aquella dinastía.

Trajo la dispensa un joven monseñorete, fino, atildado y de agraciada figura, a quien acompañaban dos guardias nobles, asistentes al solio pontificio. Y trajo, con la dispensa, el birrete de cardenal para el arzobispo, y para Calitea varios regalos de boda, como, por ejemplo, tres frascos de agua del Jordán, diez rosarios, media docena de escapularios, varias reliquias y una cruz con incrustaciones de nácar, hecha de madera de olivo del Monte Olivete. Algunos autores quieren sostener que el monseñorete trajo también la rosa de oro; pero yo no me atrevo a asegurarlo, no sea que incurramos en algún error cronológico.

Para terminar, diré que el rey cambió por completo de vida y costumbres desde que se casó. Envió a la duquesa a que cuidase de su marido en el virreinato, y a la cantarina a que cantase en la mano en otras regiones, y él siguió los consejos de Calitea, la amó como ella merecía y le fue constantemente fiel. Su corte pudo considerarse como la más alegre y divertida, a par que como la más morigerada y virtuosa de toda la Edad Media.

***

Apenas escrito el cuento que antecede, me acometieron serios temores de ser censurado si llegaba yo a publicarle. Alguien podrá decir que soy un vejestorio, casi con un pie en la sepultura, y que debiera ponerme bien con Dios y emplear mis cortas facultades mentales en tratar asuntos graves y piadosos, sin desperdiciar las en fruslerías que, salvando los límites de lo cómico, tocan en lo bufo.

Acosado por estas aprensiones, he consultado a mi cómplice y tocayo don Juan Fresco, quien me contesta con una extensa carta. De ella, por si algo valen para mi apología, entresacaré o extractaré varios párrafos y razones.

Según mi tocayo, el cuento no puede ser más moral. En él triunfa la virtud como debe y suele triunfar: por medios poco frecuentes y comunes. No se encuentra un Criyasacti al revolver de cada esquina. Y esto es lo que conviene, porque si triunfase la virtud de ordinario, ya no sería virtud, sino cálculo egoísta el ser virtuoso. Además, que el verdadero triunfo de la virtud no consiste en medrar ni en encumbrarse. Calitea no soñaba con ser reina. Por eso es tan de admirar Calitea. La más leve esperanza que hubiese tenido hubiera rebajado su mérito.

Por otra parte, mi tocayo sabe de buena tinta que Calitea, cuando estaba sola, se dolía de no deber su triunfo al amor que inspiró al rey, sino a las chuscadas del mago. Entonces lloraba amargamente; pero enjugaba y ocultaba sus lágrimas, porque amaba al rey y no quería afligirle. Otras veces la llevaba aún más lejos el vuelo de su triste imaginación meditabunda. Echaba de menos su antigua vida de costurera. Todo le parecía que había sido entonces más poético en ella y para ella. Don Miguel, visto desde abajo y desde lejos, era adorable y sublime. Visto de cerca y al mismo nivel, no lo era tanto. Calitea pugnaba por lanzar lejos de sí estos pensamientos, llenos de arrogancia y de orgullo: este sibaritismo espiritual. Se hincaba de rodillas y rezaba para que el cielo la perdonase, acusándose de infiel y de perjura por amor a alguien que no era su marido, sino un ser fantástico e imposible. Y Calitea no lograba serenarse hasta que su corazón generoso y enamorado, su fe religiosa y su profundo sentimiento del deber volvían a circundar al don Miguel real de la aureola de luz y de gloria que ella había puesto en el don Miguel soñado.

—En resolución —añadía mi tocayo—, la historia me parece tan ejemplar, que, si yo fuera censor y tuviera que dar permiso para que se imprimiese, copiaría, mutatis mutandis, lo que puso el padre maestro fray José de Valdivielso al frente de las novelas de doña María de Zayas y Sotomayor, y lo pondría al frente de LA BUENA FAMA, diciendo: «En este honesto y entretenido libro no hallo cosa que se oponga a la verdad católica ni a la moral cristiana. Y aunque, por ilustre emulación de Zola y otros naturalistas, no debiera darse al autor la licencia que pide, por ser el autor andaluz, me parece que no se le puede negar, sobre todo cuando escribe una historia que refiere candorosamente el vulgo de Andalucía; la cual historia, si no se escribiese, pudiera caer en olvido, con menoscabo y detrimento del folklore, hoy tan en moda en todos los países».

Viena, 1894

Libros a la carta

A la carta es un servicio especializado para
empresas,
librerías,
bibliotecas,
editoriales
y centros de enseñanza;
y permite confeccionar libros que, por su formato y concepción, sirven a los propósitos más específicos de estas instituciones.

Las empresas nos encargan ediciones personalizadas para marketing editorial o para regalos institucionales. Y los interesados solicitan, a título personal, ediciones antiguas, o no disponibles en el mercado; y las acompañan con notas y comentarios críticos.

Las ediciones tienen como apoyo un libro de estilo con todo tipo de referencias sobre los criterios de tratamiento tipográfico aplicados a nuestros libros que puede ser consultado en Linkgua-ediciones.com.

Linkgua edita por encargo diferentes versiones de una misma obra con distintos tratamientos ortotipográficos (actualizaciones de carácter divulgativo de un clásico, o versiones estrictamente fieles a la edición original de referencia).

Este servicio de ediciones a la carta le permitirá, si usted se dedica a la enseñanza, tener una forma de hacer pública su interpretación de un texto y, sobre una versión digitalizada «base», usted podrá introducir interpretaciones del texto fuente. Es un tópico que los profesores denuncien en clase los desmanes de una edición, o vayan comentando errores de interpretación de un texto y esta es una solución útil a esa necesidad del mundo académico.

Asimismo publicamos de manera sistemática, en un mismo catálogo, tesis doctorales y actas de congresos académicos, que son distribuidas a través de nuestra Web.

El servicio de «libros a la carta» funciona de dos formas.

1. Tenemos un fondo de libros digitalizados que usted puede personalizar en tiradas de al menos cinco ejemplares. Estas personalizaciones pueden ser de todo tipo: añadir notas de clase para uso de un grupo de estudiantes, introducir logos corporativos para uso con fines de marketing empresarial, etc. etc.

2. Buscamos libros descatalogados de otras editoriales y los reeditamos en tiradas cortas a petición de un cliente.

Printed in Poland
by Amazon Fulfillment
Poland Sp. z o.o., Wrocław
09 June 2026

1184347c-a7a6-4407-8ac4-8b0900770068R01